江戸暗殺史

森川哲郎
Morikawa Tetsuro

文芸社文庫

目次

第一部　江戸前期・中期編

第二部　幕末編

第一部　江戸前期・中期編

第一章　暗殺と毒殺

一　謎の毒殺事件と黒幕たち

現代は、毒殺死の研究は進み、その入手経路をたどれば、犯行はすぐ割れるので、毒殺は権力犯罪としては、あまり用いられなくなったが、古昔《こせき》では、毒殺は知能犯罪の象徴であった。

まして、権力者が行う毒殺は、立ちあいの医者を抱きこんでいる上に、埋葬を素早く行ってしまうので、ほとんど発覚せずに、なしとげることができた。

古来、毒物も医者から手に入れる場合や、権力者が、専門の毒薬製造者をひそかに使用していることが多かったので、これもまた発覚する危険は少なかった。発覚しても口を封ずることができたし、口を割るおそれのある加担者も暗殺して闇から闇へ葬ればよかった。

徳川家康と毒殺

最も毒殺を多く用いた男として、いまに黒い風説を残しているのが、徳川家康である。

秀吉の死後、家康が政権を掌中におさめるために、まず邪魔な存在として、大きく彼の前に立ちはだかっていたのは、前田利家であった。

が、この前田利家も、家康の天下に対する野望が露骨になってきた慶長四年三月二十一日、にわかに病状あらたまり、秀頼のことに心を残しながら息を引きとった。

しかも、遺書には、はっきりと家康と豊臣家の戦いを予見して、詳しく、その対抗策を指示している。

その最期は、悶え、苦しみ、血を吐き、秀頼の名を呼びながら、枕もとにあった新藤王国刀の脇差をつかみ、鞘のまま胸におしあてて息たえたという。

その死にぎわの無残なありさまから、家康に毒殺されたという噂が、ぱっと立った。

「石明余史」には、

「生者必滅の時いたりて、利家急病をうけたまい、たちまちにや苦しみ、血をはき、卒然として逝去せらる。世人、これをもって毒殺の疑いありというも、その実知りがたしとて、利家に志深かりしやから、ここにいたりて、夜に灯を失いたる心地して、ただ暗々然たり」

と書いてある。たしかに、秀吉が死んで、わずか一年もたたないうちに、対立する唯一の実力者前田利家が、後を追ったのは、家康のためには、あまりにも都合よく事が運んだといわなければならない。

もっともこの種の毒殺の噂は、当時政権争いをめぐって、いろいろとあった。

『続武者物語』によると、石田三成は、秀吉在世のときに、すでに他日、家康と自分が天下を争うことを予測し、盟友の直江《なおえ》山城守（直江兼続）に、家康をいかにして亡ぼすかと相談をもちかけた。ところが、

「家康を倒すには、まず彼と縁組をしている蒲生氏郷《がもううじさと》を亡ぼさなければならない。氏郷は会津百万石を領し、奥州にあって侮りがたい勢力を築いている。これを倒せば、その所領は、わが主上杉景勝のものになる」

と山城は答えた。三成は同意して、文禄四年の春、瀬田掃部《せたかもん》にひそかに命じ、氏郷を掃部の茶会に招いて、毒を盛った。その年の七月、氏郷は悶死したというのである。

速効性の毒物で殺したなら瀬田掃部の犯意はすぐ疑われる。そこで遅効性の毒物で

殺したものだろうか。とすると、毒物は何であったのであろう。砒素類でもあろうか？

が、とにかく、『蒲生盛衰記』や『蒲生軍記』も、これに似た毒殺説をとっている。『会津旧事雑考』だけが、毒殺犯人は豊臣秀吉であるとしている。秀吉が、氏郷の人物・力量を妬み、恐れて毒殺したというのだ。

家康に毒殺されたと噂される人物は、前田利家だけではない。

中でも、加藤清正が、家康に毒饅頭《まんじゅう》で殺されたという噂は、有名である。

秀吉の死後も秀頼をかたく守っていた力のある重臣たち、浅野長政、加藤清正、池田輝政、浅野幸長が、あいついでばたばたと死んだ。この四人とも家康よりはるかに若く、生きて秀頼を擁護していると、家康も大坂冬の陣、夏の陣を起こせなかったかもしれない。

当時、家康は七十歳に達しており、自分の生きているうちに、豊臣家を滅ぼして徳川家万代の基礎を固めようと気が気ではなかった。この四人の死が、偶然であったとすると、家康は、たしかについていた男ということになる。が、四人とも悶死したことから、家康による毒殺説が強く広まった。

『摂戦実録』という書には、その毒殺の模様が、次のように書いてある。

「加藤、浅野、福島、池田たちは、三成とは仇敵で争ったが、秀吉の恩はどうしても忘れそうにない。そこで、このままにしておいては、徳川家のためにならないと平岩主計頭《かずえのかみ》が、家康に献策した。

これら豊臣恩顧の諸将を二条城に招いて、饗応し、毒殺しようというのである。接待役は平岩がつとめ、毒を盛り、自らその毒を盛った一つを食した」

その結果、浅野、加藤、池田が相ついで死に、平岩も清正の死んだ年の慶長十六年十二月に後を追ったというのである。犯人もともに死んでいる。亜砒酸などの砒素の場合は、量が少なければ、急激に死ぬことはない。腹痛や胃炎、腸炎の症状は現われ

蒲生氏郷（がもう　うじさと）一五五六―一五九五

藤原秀郷の流れを汲む名門・蒲生氏の出。幼少期は織田家の人質として過ごし、信長に才を見出され、信長の娘の冬姫を娶った。織田家に仕えて数々の武勲を挙げ、本能寺の変では信長の妻子を保護し、明智光秀に対抗する。続いて秀吉に仕え、数々の戦に従軍。朝鮮出兵に際して体調を崩し、伏見の蒲生屋敷で死去。享年四十。茶に秀で、利休七哲の一人。

るが、そのほかに肝臓がはれて黄疸を起こし、知覚異常などの神経障害を現わし、筋肉が萎縮し、不眠症を起こし、しまいには全身が衰弱して死ぬ。

そのほかにも、遅効性の毒物はあろうが、いずれにしても、四人は、毒を盛られてからかなりの時間を経て死んだことになる。

『新東鑑《しんあずまかがみ》』には、別の説が書かれている。二条城で、清正に食わせたのは、毒饅頭であるというのだ。

家康は、はじめこれを秀頼に食わせて殺すつもりであった。しかし、そばにいる清正が、毒殺と悟って、進み出た。

「おそれながら、秀頼さまは、ご幼少のころより、お袋さま御寵愛のため、みだりにお菓子などめし上がらぬ習慣にございます。どうぞそのままにさしおき下さい」

家康は、しまった、気《け》どられたかと思ったが、なにくわぬ顔で、

「それなら、そこもとはいかがじゃ」

と、自分の手でつまんでさしだした。清正は、さすがにそれを辞退することができず、「では、ちょうだいつかまつりまする」

と、落ちついて食べた。実は、これが毒を入れた饅頭であったというのだ。

『十竹庵筆記』では、このとき毒饅頭を食べたのは、池田輝政、浅野幸長、加藤清正

の三人で、秀頼だけは、虫気《むしけ》だといって食べなかったので助かったのだと記している。

毒殺説の真偽は、たしかめようがないが、とにかく清正は毒殺されず生き残っていても、大坂方について、敗死するか、あるいは福島正則のように、幕府の謀略で、非業の死をとげるかのどちらかの運命を辿るよりほかに途はなかったであろう。

家康にとって、最も邪魔になる政治的存在の一人であることだけは、事実であった。

田沼意次と将軍毒殺

徳川二百六十余年の幕閣の要人の中で、最も悪評が高く、かつ政治的手腕も抜群であったといわれる**田沼意次《おきつぐ》**は将軍を毒殺したといわれている。

彼は将軍に政治を握らせることはむしろ有害と見て、家治《いえはる》（第十代将軍）を政治から巧みに遊離させている。

また従来行われてきた幕閣の要人の合議にもとづいて政策を決定するという慣例を頭から侮って重きをおかなかった。

自分の才能を過信する彼は平然とそれをおし通した。傍若無人に横車をおし通し、それまでの権威を破ったのである。

当然反対派の嫉視《しっし》と憎悪の強まる中で、田沼政権を永続させるために、また、思い切って悪らつな手を用いた。ついに家治の跡継問題にまで介入したのである。自分の自由になる将軍をおし立て、政治を支配しようというのである。このためには、将軍の世子《せいし》も毒殺したといわれる。いわゆる田沼の「心願」といわれて問題になった陰謀計画である。彼の政敵の中心人物である松平定信を田安家から追い出したのもその策謀の一つであった。

安永八年（一七七九）二月二十三日、将軍家治の世子家基《いえもと》が急死したのは、田沼が毒殺したもので田沼の心願の一つの完成であると噂された。

家基は二十一日、江戸近郊の新井宿辺に放鷹《ほうよう》に駕籠で出かけたが、途中品川東海寺で休憩した。

そのとき、にわかに気分が悪くなったので、いそいで帰城したが、途中駕籠の中から物凄い苦悶の声がきこえたという。

驚いて医師を呼び、あわてて諸寺にも回復祈祷をさせたが、家基はまもなく苦しんだまま息を引きとった。

医師は池原雲伯という典医だったが、この男が意次に脅迫買収されて家基にひそかに一服盛ったのだという噂である。

家基は平生病弱だったので、急死する原因はあったと思われるが、俊才で、田沼に対しても批判的なことでたいへん人気があった。

とくに反田沼派の重臣たちが、家基に期待を強くよせていたのである。

家基の突然の死は彼らをひどく失望させた。と同時に田沼の手による毒殺ではないかという臆測を生んだのである。

家基が急死したために、田沼がかねてから擁立しようとしていた一橋治済《はるさだ》の長男豊千代が世子にむかえられた。

これが後の十一代将軍家斉《いえなり》である。

意次は、弟意誠《おきのぶ》が一橋家の家老であったことから一橋家を動かして、豊千代を将軍

田沼意次（たぬま　おきつぐ）一七一九―一七八八

旗本の子として江戸に生まれる。父は元・紀州藩の足軽。九代将軍・徳川家重の小姓として江戸城に出仕。家重の死後も十代・家治に仕え、側用人を経て、老中にまで出世。六百石の旗本から、五万七千石の大名に上り詰めた。重商主義の政策を推進したが、賄賂政治との批判もある。天災、飢饉などから政情不安に陥り、後に失脚。失意のうちに没する。

世子にする工作を進めていたのである。

　さらに意次は、豊千代を早く将軍にするために将軍家治も毒殺したといわれた。

　天明六年（一七八六）八月のこと、家治の病気が悪化した。

　意次は、自分の邸に出入りしていた町医師若林敬順・日向陶庵の二人に命じて投薬させた。

　その後、急に家治の気分が悪くなり、三度吐き、苦しみ悶えた末、

「毒薬を飲ませたのではないか、医師は一体どこの者だ」

と叫んだ。

「田沼意次殿が推薦いたしました医師でございます」

と聞いて、家治は激怒し、わめき散らしたという。そのため意次の長年の悪事がことごとく暴露したという風評がしきりに行われた。

　家治は翌月の九月八日に死んだ。

　毒薬を飲まされたにしては、時間がかかりすぎているようにも思われる。

　しかし、意次は、将軍の死に先だつ八月二十七日にすでに老中を罷免されている。

　明治以後は、毒薬による政治上の暗殺事件は、あまり聞かない。それは、封建制度が崩れるとともに、お家騒動的な家督争いによる政権争奪が、ほとんど後を絶ったか

らであろう。
その上、科学鑑識による犯罪捜査が発達したので、毒物による殺人も、比較的、発覚が早くなったせいもあろう。

二　将軍秀忠暗殺計画

宇都宮釣天井

福島正則ら豊臣遺臣に難くせをつけ、非業の死に追いこんだのは、幕閣でも、らつ腕を以て鳴った**本多正純**《まさずみ》であった。彼は家康に重要視され、縦横に腕をふるったが、その本多正純が、二代将軍秀忠の暗殺事件を引き起こしたという最悪の罪名を被せられて、やがて政治の要路から追放されるのである。

これが、有名な宇都宮釣天井事件である。

元和八年（一六二二）四月七日、秀忠は、父家康の七回忌の法会を催すため、日光社参をふれ出した。

四月十二日、江戸出発、岩槻、古河、宇都宮と泊り、十六日に日光山への参詣の儀式を終了後、十八日、中禅寺に滞在、十九日再び宇都宮城へ宿泊の予定であった。

ところが、今市までくると、突如、

「御台所御不例により江戸表へ御帰参！」

と、異例のふれが出された。

宇都宮では、城主本多正純が先頭に立ち、準備万端手ぬかりのないように整えていたのだが、そこへ到着したのは、老中井上主計頭正就《かずえのかみまさなり》だけであった。

「この度、上様の日光御参詣については、いろいろと御苦労であった。御台所御不例ということであるが、直ちに江戸へ上るには及ばぬ、このまま休息しているように」

正純は、不審な表情であったが、聞き返しもならず、使者である井上正就が城内を巡察するというので、案内をつとめた。

が、このとき御台所御不例の急使がきたというのは、真っ赤な嘘で、将軍秀忠の姉加納殿から、

「正純の態度に不審な点あり」

と、讒訴《ざんそ》の密告の使者が到達したのである。

その内容は、
第一、本多上野介は、鉄砲をひそかに製造し、関所を欺き通したる事。

第二、宇都宮城の普請に与りたる幕府御附人の根来同心をほしいままに殺戮せし事。

第三、宇都宮城二の丸、三の丸の修築を出願しながら、本丸の石垣をも修築なせし事。

第四、宇都宮城中の殿舎改築に就いては怪しき構造ある事。

第五、将軍家宇都宮御着の日、市中に火を用うるを禁ぜし事。

等々であった。

だが、後年世に伝えられた俗説では、この程度の単なる不審ではなく、正純は大謀叛人に仕立て上げられている。

湯殿に釣天井をしつらえ、秀忠が入浴している際、これを切って落とし、不測の事故で死なせたことにしようという野望をもっていたというのである。

本田正純（ほんだ　まさずみ）一五六五―一六三七
三河の戦国武将・本多正信の子として生まれる。初め、正信は徳川家康に反旗を翻していたが、後に恭順。正純も家臣として仕える。家康の信任を得て、重臣として活躍。江戸幕府が開かれると、政敵・大久保忠隣を失脚させ、初期の政治を牛耳った。二代将軍・秀忠の代になり、年寄として権勢を振るうが、秀忠の側近に疎まれ失脚。幽閉先の横手で死去。

この物語の内容は、芝居にもされて、広く流布されるようになった。武蔵鐙では与四郎、それをとって芝居では与四郎と呼ばれる美男の大工が活躍するのである。

与四郎は、同村の庄屋藤左衛門の娘お早と想い想われた仲であった。藤左衛門は怒って与四郎の出入りを禁じたが、お早はあきらめず、下女の手引で密会を続ける。が、そのうち与四郎は、宇都宮城中へ召されて、釣天井の秘密の工事をさせられる。

一ケ月たっても、二ケ月たっても、与四郎の姿が現れないので、お早が胸を痛めているところへ、与四郎は、禁を冒して、門番の一人を買収し、こっそり城を抜け出し、お早の許へ忍んでくる。

お早は、逢いたい与四郎に会えて、喜ぶと同時に、

「どうしてきてくれなかったのです。心変りでもしたのですか」

と、恨み言をいってかきくどいた。与四郎は当惑し、思わず声をひそめて、

「実は城内で、これこれしかじかの難しい秘密工事を行っている。それで誰も城の外へ出ることは許されなかったが、その代り沢山お手当もらって帰ってくる」

と、秘密を語ってしまった。

一方、城内では、大工の頭数の調べを行ったところ、与四郎の姿が見えないことに気がついた。これは猶予していると秘密がもれるというので、残った大工をみな斬殺

してしまった。与四郎は何も知らず帰ってきたが、これも殺されてしまった。

大工みな殺しの報は、いつしか城外へ伝わり、犠牲者の遺族たちの間に怨嗟の声が広がった。城内でもこうなっては知らぬ顔もできず、

「大工らは、宝物庫《ほうもつぐら》に侵入して、大切な家宝をかすめとったので、やむなく斬殺した。本来なら一家眷族《けんぞく》に至るまで、お咎めあるところ、格別のお慈悲を以てさし許す」

と布令を出した。与四郎が殺されたと聞いたお早は、深く嘆き悲しんで、遺書を残して自殺した。その遺書には、

「この度の普請は、不思議な普請でございます。お湯殿の上に釣天井を仕かけ、お城主様が将軍様のお命をとろうという企みでございます。御城主様は夫与四郎の仇、と同時にお公方様の敵でございます。このことを早くお上に申し上げて下さい」

という意味のことがしたためてあった。父の庄屋藤左衛門は驚いて、これをすぐ大老の手許に差し出し、寸前に正純の陰謀露顕し、将軍の命は救われたという物語である。

捏造された本多正純事件

しかし、これはいかにも脚色された物語で、将軍暗殺という大陰謀を企む者が、す

ぐばれるような幼稚な仕掛けの殺しの手口を用いるわけがない。

本多正純は、徳川家の柱石といわれた本多佐渡守正信の長子で、十九歳より家康の側近に仕えた。駿府隠退後は、家康は一切を正純に委ねたほどの才幹ともにすぐれた傑出した政治家であった。

大坂城の総曲輪《そうぐるわ》を埋立てさせたのも彼なら、福島正則の改易の口実を考え出したのも彼であった。家康は彼だけは敬称を用いて呼んだという。それだけに敵も多く、朋輩からは深く妬まれていたらしい。

元和二年四月十七日、家康が死ぬと、駿府の後片附けを一人ですませ、江戸へ上って父とともに老中に列し、財政方面をあずかっていた。

父の正信は老中の首班として権力を揮《ふる》っていたのである。が、家康の死後、正信もそれを追うように死ぬと、後任には最年長の酒井雅楽頭忠世《ただよ》がついた。次席は土井大《おお》炊頭《いのかみ》と井上主計頭であった。

この三人とも、反本多正純勢力であった。

ことに忠世は正純がかつて失脚させた大久保忠隣《ただちか》と親交があったため、家康の権力を笠に着て、朋輩を粛清していった正純のやり方を快く思っていなかった。

なお悪いことには、正純は、二代将軍を定める時、秀忠擁立に反対し、兄の秀康を推した男であった。酒井、土井、井上の三人は、秀忠擁立派である。家康の生きている間は黙っていた秀忠も、こうなると反本多勢力について正純をうとんじ始めた。

室鳩巣《むろきゅうそう》は、正純失脚の原因はここにあると指摘している。

さらに、正純と秀忠の姉加納殿との長年月の争いが伝えられている。

元和五年十月、正純は、下野小山三万三千石の城主から、一躍十五万五千石の宇都宮城主となった。そのために、それまで宇都宮城主であった奥平十福は、七歳の幼年で城主たる器でないというので、下総国古河に転封されたのである。

ところが、この十福の母が、往年亀姫といわれ、後に加納殿といわれた秀忠の姉であった。加納殿は正純を恨んだ。

加納殿は、この処置が、たとえ父家康の命であっても、残念で堪らなかった。その上加納殿の娘は、大久保忠隣の長男加賀守忠常に嫁いでいる。最も嫌いな男に国をとられ、腹の虫のおさまらなかった加納殿は、転封の際、城内の竹木を伐り取り、城中の諸道具を一切合財持ち去ろうとした。しかしこれは固く法度されているところで、正純は国境で関所を設け、これを取りおさえた。この噂は加納殿の評判を大いに落したのである。

加納殿は、大久保忠隣の縁者で、やはり禄を没収され、奥平家におあずけになっていた堀利重を利用して、正純の身辺を洗いあげ、あることないことを並べ立てて、秀忠の日光参詣の時を好機として急使を走らせ密告したのである。

正純に二、三、老中の権勢を恃《たの》んで、幕府の法度を無視した行為は確かにあった。しかし、それは謀叛とつながることではない。新井白石は、はっきりと釣天井の件も、正純の謀叛も嘘だと断定し、失脚の原因は他にあるが記さぬと逃げている。

『武家盛衰記』も、謀叛を否定し、領地没収の理由は、遠慮を要する性質のものだから書かぬとはっきり断っている。

正純は、その年の八月二十三日、所領没収の上、佐竹義宣《よしのぶ》にお預け、横手に配流されてしまった。義宣は、正純は家康以来の功臣であるので、いつかは恩赦の日もあろうと、丁重にもてなし、出入りも自由に許していた。

しかし、正純は性剛直で、政治向きの事などずばずばいうので、それが江戸へ聞え、

「御勘気中にも拘らず、以ての外の仕儀なり、容赦なく取り締れ」

と厳命が下り、いまはやむなく、住居の四方へ柵を巡らし、わずかに窓を設けたほかは、襖、障子さえ釘づけにしてしまった。そのうち子の正勝も父に先立って死んだので、正純は名を常心と改め、番士にすら面会せず、誰とも話さず、十六年の獄中に等しい生活を続けた末、寛永十四年三月十日、七十三歳で死んだ。

将軍暗殺計画は捏造で、正純の死こそ、時の幕府の権力が邪魔者を除くために穴を掘った、無残な政治的暗殺であったといえる。

しかし正純も多数政治的謀略を重ねてきたので、その罪の報いであったともいえる。

いずれにしろ、この事件は、徳川政治史の中で、一時代の終ったことを示すものであった。

第二章　お家騒動と暗殺

一　伊達騒動——原田甲斐の刃傷の真相

伊達兵部のわなにおちる

伊達騒動の発端は、三代の藩主伊達綱宗《つなむね》の遊蕩にあった。万治元年九月、十九歳で藩主になっている。三年二月、幕府から神田川堀割の命を受け、五月から工事にかかった。工事は、筋違橋から牛込土橋までの堀普請である。

このとき、叔父の**伊達兵部宗勝**は、三万石を領していたが、三十九歳であった。年の若い綱宗を侮って、ひそかに国政をほしいままにしようとする陰謀をめぐらし、しきりに、飲酒をすすめた。

また、毎日工事を巡視させて、その帰途、侍臣に命じて、遊蕩に導かせた。これから吉原通いがはじまる。豪放な性格なので、かくそうとせず公然と通ったという。

ここで愛したのは、山本屋の薫という女だった。芝居では、高尾太夫になるのだが、これは脚色である。だから、恋に狂った綱宗が高尾を身うけして、舟にのせ、三鈷で斬殺したというのも、全くのフィクションである。（高須梅渓『国民の日本史――江戸時代興隆期』）

ところが、別の説もある。大槻如雲は、「寛文秘録」によって、「女は湯女勝山である」としている。（『中央史壇』第七巻）

伊達宗勝（だて　むねかつ）一六二一―一六七九

仙台藩初代藩主・伊達政宗の十男にして、一関藩の初代藩主。通称・伊達兵部。甥の伊達綱宗が三代藩主を継ぐと、叔父として仙台藩政を見るようになり、綱宗が放蕩によって隠居となった後は、継いだ嫡子・綱村の後見人となる。専横政治を行うも、反宗勝派と領地争いから伊達騒動が発生、騒動の首謀者として流罪。配流先の土佐で死去。享年五十九。

綱宗は、勝山の色香に溺れ、世間に知れわたった。

しかし、伊達兵部は、これをいさめようともせず、

「御公儀より、おとがめなきうちに、こちらから訴え出るべきだ」

と家臣を説き、連署して、訴え出たので、その年の七月、幕府より綱宗は退隠を命ぜられ、品川の下屋敷に蟄居《ちっきょ》させられた。

いずれにしろ、伊達兵部のしかけたわなにはまったようである。

嫡子の亀千代（綱村）は、このときわずか二歳だったが、家督をついで、藩主になった。

当然後見が必要になる。通説では伊達兵部は、自分が後見役になろうという野心をもっていたが、重臣等の合議によって、綱宗の弟田村右京宗良と兵部の二人が、後見になることになった。

しかし、右京はまだ若く、常に江戸の邸に住んでいたので、兵部が、仙台にいて、実際に政治を執行していた。

このとき兵部と結んで、ほしいままに政治を左右したといわれるのが、家老の原田**甲斐（宗輔）**である。

ところが、伊達一門の中で、湧谷で二万五千石を領している伊達安芸宗重という人物がいた。

兵部と原田甲斐の非政を憤って、これを除こうと考えた。

このとき、たまたまやはり一門の伊達式部の領地登米と安芸の領地との中間に谷地（ヤジー草生地）があった。

この境界線について争いがあったが、安芸は、

「兵部と原田甲斐に不正がある」

と申し立てて、幕府の検使を請うたのである。

そこで、幕府は、大目付島田出雲守をやって、検地させ境界を定めたが、安芸は、

原田宗輔（はらだ　むねのり）一六一九―一六七一
仙台藩奉行、通称・原田甲斐。四代藩主・伊達綱村の大叔父、宗勝が藩の実権を掌握した後、宗勝派の先鋒となって、権力固めに奔走した。反宗勝派の伊達宗重（通称・伊達安芸）と対立。所領争いから、幕府に審問を受ける。大老・酒井忠清邸で行われた二度目の審問の控え室で、宗輔は宗重を斬殺。乱心として酒井家家臣により宗輔も斬り殺された。

「これは、不当な裁定である」

と再び訴え出た。幕府は、寛文十一年二月、伊達安芸を江戸城に召し出した。

安芸は、二月四日付で、兵部、原田の罪科九ケ条をあげた訴状を提出した。

ここで、奇怪なのは、伊達安芸の所行である。

幕府は、外様の各藩に対し、何か落度はないか？　醜い騒動はないかと目を光らせているときである。

幕府が、その地固めをするために、外様大名に対し、苛酷な取りつぶし政策を強行していることは周知の事実である。

現実に、お家騒動が原因で、取りつぶしになった例もある。争いの当事者が幕府に訴えたために、取りつぶされた例もある。

そのようなときに、自分の領地の問題で、再三幕府に訴え出る伊達安芸という男はどういう人物なのか？

藩の運命を考えない全くの利己主義者なのか？　それとも軽そつな愚かな男なのか？

いずれにしろ、幕府は、いよいよ本格的糾明に乗り出したのである。

原田甲斐、伊達安芸を斬殺す

吟味は、老中板倉内膳正重矩の係で行われた。

三月四日、伊達安芸及び蜂谷六左衛門が、板倉の邸に招かれて訊問された。七日、原田甲斐、柴田外記が糺問《きゅうもん》された。次いで伊達兵部が召し出され、訊問が行われた。

その月の二十四日、伊達安芸と原田甲斐の対決になった。安芸が提出した二十五ケ条に対して、甲斐は、堂々と胸をはって、みごとに申し開きをしたという。

しかし、申し開きができない点も少しあった。そのとき、板倉は、

「侍に不似合いの儀」

と大声で原田を叱ったという。さらに列座の人々に向って、

「もはや落着いたした」

といって、その日は吟味を打ち切ったという。

ところが、大老酒井雅楽頭忠清は、

「甲斐に申し残しのことあり」

という理由で、再び対決させた。

今度は、二十七日、酒井の屋敷内で対決が行われた。

しかし、甲斐の申し開きは、明白とはいえなかったという。

対決が終って、別室で控えさせているとき、甲斐は突如抜刀して、安芸に斬りかかった。

安芸も抜き合せたが、すでに深手を負っていて、鮮血の中に倒れた。

柴田外記は、これを見て、甲斐に斬りつけたが、逆に甲斐のために斬られた。

蜂谷六左衛門は、その隙に背後から組みつき、小刀で甲斐の脇を刺した。このとき六左衛門もふりむく甲斐の刀で斬られた。

安芸と甲斐はその場で絶命した。

外記と六左衛門も屋敷に帰ったが、まもなく息を引きとった。

幕府は、伊達家の処分でもめたが、結局兵部と宗良の二人が不和だからこのような騒動が起こったとして、兵部を松平佐渡守に預け、宗良には閉門を命じた。

なお、四月六日、先の藩主綱村を本城に召して、

「この騒動不届につき、領地召上げらるべきところ、藩主若年なるをもって、後見両家老を処罰するに止め、藩主はお上の御慈悲により特に罪をさし許す」

という沙汰であった。

原田甲斐忠臣説

以上は通説の伊達騒動顛末であるが、事実はかなり違うようである。

原田甲斐奸臣説をとる人は、原田が酒井大老を抱きこんでいた、そのため大老は原田に有利に事を運ぼうとしたというのだが、当時の幕閣は酒井が私曲をはさんで、動かせるような状況にはなかった。

松平伊豆守信綱、阿部豊後守忠秋、板倉内膳正重矩、稲葉美濃守正則ら利《き》れ者の老中がずらりとい並んでいた。

そのほかに、保科正之が、将軍の補佐役として目を光らせていたのである。

さらに水戸光圀《みつくに》も健在で、うるさ型として天下の政道に対し、鋭い目を向けていた。

「先代萩」では、酒井御前が、幼君亀千代に毒菓子を贈ったという脚色をしているが、これは全くの虚構で、以後世間が酒井大老を悪人視する原因になったようである。

前述したように、伊達安芸の行動は、軽そつで、利己主義的なものとしか考えようがない。

大体、幼君が家督を相続する時、幕府から特に、

「家中一統力を合せて和を保ち、協力して忠勤に励み、私を争うことのないよう深く慎むべし」

という訓令があった。これに対し、家臣一同、神文誓詞を捧げたほどである。にもかかわらず、安芸は自分の知行地の境界問題で、幕府に訴え出、その裁定を得たのに対して、なお満足せず再度訴え出ている。

大体、先主綱宗は放蕩のため、幕府の譴責《けんせき》を受けて、蟄居謹慎しているときである。いま、藩内で、重臣たちが、執拗な紛争を起こしていては、幕府からどのようなきびしい処分が加えられるか計り知れなかった。

大体伊達は、幕府が最も警戒し、憎んでいる外様の雄藩《ゆうはん》である。伊達政宗は、元来徳川よりも豊臣秀吉に接近していた人物だ。幕府としては、最も抹殺したい藩の一つであった。

この点について、安芸の行動に対し、側近は何度もいさめたという。しかし安芸は聞き入れず、何度も藩内で、紛争をむし返したのだ。

そのため藩内の同情を全く失っていたという。それがかえって安芸を意地ずくにしていたともいわれている。自分を救うためにはと思慮の浅い藩士を煽動して、幕府に訴え出たといわれる。

原田甲斐は騒動には関係なかった

もともと原田甲斐は、この騒動では、世に伝えられたように、関係の深い人物ではなかった。

伊達安芸が、幕府へ直訴した際、たまたま江戸在番の家老であったから、証人として呼ばれただけというのが真相のようだ。

このとき、甲斐は、はじめて、伊達安芸が、個人的宿意をもって、藩や主君に累を及ぼすのも考えない不忠不義の男であることを知った。

その憤激のあまり、安芸に斬りかかり、殺害したという。

板倉内膳正にとり入っていたのは、安芸の方で、板倉はそれまで甲斐に対し、再三門前払いを食わせ、評定の席でも不公正な発言と運び方を強行したという。

甲斐は、再度の評定の前にも、

「本日の評定について、申し残したことがあるので、補いおきたいからこの旨執達ありたい」

と主張したが、板倉の意を受けた島田出雲守が、

「本日の評定は、すでにあいすんだ」

と蹴って、さっさと奥へ入ってしまったという。

原田は以来悶々として、憤激の念を抑え難かった。甲斐はとにかく伊達家の一大事だから、藩情を幕閣に理解してもらっておく必要があると思い、その日も未明から板倉の屋敷を訪れ、面会を切願している。

しかし、にべもなく拒否されている。

「幕府の裁きは、えこひいきが明らかである。しかし安芸のいい分が通り、後見役と自分とが不正と決定すると、藩の大騒動ということになり、それを口実に、お家に対しどのような処分が下されるか分らない」

と考え、安芸の不正を明らかにするために、ついに刃傷に及んだという説もある。

この前に、甲斐は安芸に対し、

「このようなことを幕府に訴え出ては、綱宗公の積年の謹慎の苦心が、たちまち水泡に帰するではないか」

と直書をしたためて、さとし戒めたという。しかし、安芸はそれに対し、全く馬耳東風の態度であった。

しかも安芸は、江戸出府以来、藩侯に対し、一度も機嫌うかがいもしないで、ただただ、幕閣の要人邸へだけ出入りしていたというのだ。

たまりかねた江戸在番の重役たちは、一同連署して、藩の実情を明らかにし、伊達兵部らが冤罪を受けることのないよう歎願書を幕閣に提出したが、空しく却下されてしまった。そのため、

「禍根を絶ち、君家の安全を守るためには、このほかに道なし」

と、自分の命を投げ出して、安芸斬殺を決行したというのが、原田の本意であったようだ。

また、「甲斐は正直で、気の短い男だったようだ」と見る史家もいる。

原田甲斐は、伊達家四家老の随一の家柄で、八千石を領し、譜代の侍三百余名を養っていた重臣であった。

祖父の左馬介は、文武に秀で、伊達政宗に重用された人物である。

いわば、甲斐は伊達家の柱になるべき人物で、そのためにも、お家を守ることに対し、深い責任感をもっていたといわれる。

この三百名の家臣は、家老片倉隼人の弟苗十郎とともに、籠城して、甲斐に対し、殉死をとげようとしたほどで、原田がどのような人物であったかが推測できる。

二　加賀騒動——毒殺事件の真相

大槻伝蔵の陰謀

通説の加賀騒動の顚末は、重臣**大槻伝蔵**と、側室の真如院《しんにょいん》の密通、藩侯毒殺計画と、いかにもお家騒動らしいお膳立てで、でき上がっている。

また、その方が大槻を処分した幕府にも、加賀藩にとっても好都合であったろう。しかし、どのお家騒動も、このようにきまった方式で割り出されているのを見ると、現在ではそのままには信用できない気がする。

果して真相はどうであったのか、藩侯毒殺の陰謀は果してあったのか？　その辺を掘り下げてみなければならない。

俗説では、大槻は卑賤の地位から身を起こし君公にとり入り、しだいに出世して、ついには一藩全体を掌握する地位にまで上ったとなっている。

ところが、事実は、素性は決して賤しくない。系図を辿ると先祖は岩代国安穂郡大槻に城を構えた伊藤備前守という城主であった。これは伊達政宗に亡ぼされ、一族は離散し、長男が加賀に逃げて定住した。その曾孫が伝蔵である。父七左衛門はお弓持足軽小頭であった。

伝蔵は、元禄十六年元旦に生れた。朝元《とももと》と名づけられた。父は彼を出家させる目的で幼時に波着寺にあずけた。それを叔父の鉄砲者の長兵衛が貰い受けて、養子にした。享保元年四月四日、十五歳で綱紀《つなのり》に召し出され、世子吉徳《よしのり》のお部屋附となった。朝元は、きわだった美男で、怜悧、弁舌さわやかで、職務に精励した。そのために吉徳の意にかない、一にも朝元、二にも朝元と昼夜手元を離さなかった。男色関係まで、後世に取り沙汰されるのである。吉徳が藩侯になると、朝元は束髪を命ぜられ、名を大槻伝蔵と改めた。二十三歳。享保九年の暮であった。十一年の暮には、新知百三十石を賜り、士分に列せられた。年々彼に対する加増は

大槻伝蔵（おおつき　でんぞう）一七〇三―一七四八

加賀藩足軽の子として生まれ、藩主嫡子・前田吉徳付の御居間坊主として出仕。藩主を継いだ吉徳に重用され、側近として藩政に携わる。財政改革などを推し進めるが、旧臣の恨みを買う。吉徳の死後に失脚、五箇山に配流。その後、藩主宗辰の急死、毒物事件などの加賀騒動が発生。吉徳の愛妾・真如院と密通して事件を企てたとの嫌疑をかけられ、自害。

やまず、以来十八年の間に、十七回の加増をうけ三千八百石の大身になり、最高級の人持組に編入された。

その間享保十九年に内蔵允《くらのすけ》と改名している。

大槻は、徹底的な人材登用主義をとった。門閥主義を廃し、才智あり、経済に智識、経験の深いものを用いた。

財政は整理され、功績は大きかったので、藩主はますます大槻を重用した。こうして事実上、加賀藩の政治は、財政、行政、司法すべて大槻の手中に帰した。

このために大槻の奢りは昂り、美貌の女あれば、妾としてさし出させ、これを拒むと君命と称して強要し、自分の妾としたと伝えられている。吉徳は病気勝ちで、自ら書くべき手紙も内蔵允に書かせるほどで、大槻の言は吉徳の命と同様に行われるようになった。

そのうち、吉徳は、延享二年六月十二日、病い重なって死んだ。この時の看護は大槻の腹心の者が四、五人つき、世子宗辰《むねとき》、母浄珠院から遣わされた使者でさえ面会を拒まれた。

直接他人に遺言することを恐れて、人を遮るのであろうと疑われた。

吉徳の正室には子がなく、側室九人の腹に男十人、女八人を生んだという。世子宗辰はその惣領であった。

問題の女、真如院は、側室中最も君寵厚く御伽《おとぎ》の数も多かった女で、それだけに子も男二人、女三人と最も多く生んでいた。

芝居の筋では、真如院（お貞の方）は、生みの子を世子に立てたい一心から、一藩に時めいている大槻を頼り、彼の承諾を得れば大丈夫と考え、老女浅尾を介して、伝蔵と会ううち、密会を重ねるようになったということになっている。

事実、真如院の後に自白したことが本当ならば、吉徳在世中に二人の密会が行われたのだから、前田土佐守のいうように、長男勢之佐でさえ、吉徳の胤《いん》か、伝蔵の胤か分らないことになる。

真如院の自白が、強要や拷問によるものなら二人は冤罪ということになる。

芝居では、織田大炊《たいすい》という忠臣が現われ、前田土佐守と呼応して大槻の罪証を明らかにし、禍を除くというストーリーだが、事実は織田大炊はこの騒動には何の関係も持っていない。

記録上に残る忠臣は、青地藤太夫礼幹《れいかん》で、大少将頭で、いわゆる硬骨漢であった。

彼が書を国家老に送り、世子宗辰に直訴して、大槻を斥《しりぞ》けることを極力すすめたのであった。

彼は、硬骨漢だけでなく、室鳩巣の門下で七哲と呼ばれた学者でもあったという。

世子宗辰は、かねて大槻の専横に意趣を含んでいたので、父の跡を相続すると大槻の奥向《おくむき》を免じ、表向出仕を命じ、彼の保管していた政務上の重要書類を納めた箪笥まで取り上げてしまった。

次いで、翌三年七月二日には、伝蔵は、組頭本多安房守より、

「吉徳様病中御介抱不行届の段、多年の御高恩を忘れたる仕儀不届に付蟄居申しつける」

と申し渡された。伝蔵は、

「蟄居は畏んでお受けするが、先代御病中不行届という儀はお受けできませぬ。自分は御病気以来昼夜君側に侍し、大小便の始末までつとめ、御癇癪の折には、頭を打たれたりしながらひたすら御介抱をつとめました。不行届とはいかなる証拠をもって仰せらるるか、この次第につき表向の御詮議願いたい。それまでは八裂にされても、この席は去りません」

と、強硬に抗弁した。安房守は、

「本日は、君命により申し渡すまでじゃ。後から書面にしたためて差出せば、取次いでつかわそう」

と切り抜けた。が、この頃江戸府中にあった宗辰が、その年の十二月の初めから下痢を起こし、七日には腹痛激しくなり、吐気をもよおし、金沢から医者がかけつけたが、八つ頃痰水一升余りを吐いて、八日朝、息を引きとった。

これが大槻の毒殺であると後に流布されるのである。

延享四年十二月十八日、伝蔵は、再び本多安房守邸に呼ばれ、「越中国五箇山に遠島申附くる。万端仕度中は、成瀬内蔵介方に預る」と申し渡された。翌年四月十八日金沢発足翌日越中国礪波郡の五箇山に着き、祖山村の人気のない牢獄に幽閉される身となった。

真如院の最期

一方、真如院の方も、大きな事件が起きていた。伝蔵が、五箇山の山牢に入れられて二ケ月の後、寛永二年六月二十五日、江戸本郷上屋敷で、不思議なことが発生した。重熙《しげひろ》も在府中であったが、先代宗辰の生母浄珠院も奥御殿にいた。その日、浄珠院の台所方をつとめるお菊という女中が、交代の例で、お湯の毒味をすると鼻をつく異様な臭気がする。年寄女中森田に報告し、森田が湯をくんでも同様。それを浄珠院に報告し、院の指図で御典医の中村正白に吟味させ、御公式富田治太夫に伝えたが、しばらくこの事は隠密にし、成行きを見まもることにしていた。

菊は一口飲んだだけで、腹痛甚しく、二日半床から起き上がれなかった。

それから十日後の七月四日、奥向でお能が催された。この時真如院附の老女浅尾が、お台所から出た姿を森田が認めた。さてはと思って、早速釜の湯を調べると、前と同様の強い臭気がした。

中村正白を呼んで調べさせると、明らかに毒が入っていることが判明した。直ちに浅尾は捕えられて追及されたが、なかなか白状しない。牧彦左衛門が、

「そのように黙っていては、真如院と対決させる以外にない。しかし、金沢で公の裁判をすると、一々世間に公にされることになる。そうなっては五人のお子様方の身もどうなるか分らない。ここでお前が白状すれば、内密ですませられる」

と泣き落しにかけた。さすがの浅尾もワッと泣き伏し、

「お子様方のためとあれば是非もございません。実は真如院様から頼まれて、御主君と浄珠院さまに毒を盛ろうとしました」

と自白した。早速金沢へ飛脚を立て、真如院取調べを命ずると、

「伝蔵とは密通いたしましたが、毒殺の企てだけは、あくまでも覚えがございません」といいはった。

その年の九月、処刑を待たず、伝蔵は牢内で自決し、真如院は翌年二月、監禁されていたが、自ら人に頼んで絞殺してもらった。二人とも、栄華をきわめたが、悲惨な最期であった。浅尾だけは寛延元年十月死刑に処せられた。その他一味徒党、親族五十余人ことごとく処罰に付した。

こうして、加賀騒動も落着した。

しかし、表面に伝えられているこの内容が果して真実であるかどうかは、大きな疑問がある。

現代でもおなじことだが才能があり、人に優れ、時めく人間には、迎合する取巻きもふえるが、また、激しく嫉妬して、策をめぐらして落そうとする人間も出る。ことに同一環境の中で、勢力を争う場合はその傾向が強い。派閥争いから兄弟の争いまで、人間の生存競争には共通の要素がある。

お家騒動の多くは、同一藩中の勢力争いであり、権勢をきわめた男を叩き落そうとする謀略から生まれている。いまの国際間の争いがそうであるように、その双方の勢力も、自分の派の正義を主張するので、たやすくその正邪は判別しにくい。

浅尾の自白が、大事の露見の動機になっているが、果して真実の自白であったか、どうか？　肉体的拷問のない現代でも、自白が果して任意のものかどうか、もめることが多いのだから、肉体的拷問の激しかったこの時代の自白を容易に信ずることはできない。

その処刑で、浅尾は蛇責めにあい、殺されたという説が当時から流布されていた。浅尾を大瓶の中へ入れ、割り蓋で首だけ出せるようにしておく。足は瓶の底へ届くようになっているから、浅尾は中腰になって立っている。

瓶の蓋に穴があり、そこから数百匹の蛇を放ち入れ、さらに塩をまぜた酒を注ぎ入れた。中の蛇は、苦しまぎれに浅尾の体へまきつく。浅尾は苦しさに号泣し、絶叫し、数日たって叫喚が絶えたと思うと死んでいたという凄まじい話である。

昔の刑罰は、非人道的なものが多かったから、主殺しなどという大罪に対する処刑にはいかにもありそうな話である。

諸大名は、江戸に刑場をもっていないから犯人を処刑するときは、本国へ送るのが例であった。しかし浅尾は本国へ送られたのだが、刑場へひき出されて処分されてはいない。

ひそかに殺されたのである。

それなら何か特殊な殺し方をしたのであろう。

いずれにしても満足な殺し方ではなかったようだ。これらも一種の政治的暗殺と見ることができる。

多かった毒殺事件

毒薬を用いて人を殺す人間は、どういうものか、次々とおなじ犯行を重ねる傾向がある。ことに権力や財産をねらっての暗殺の場合は、次々と邪魔者の連続殺人をはかる傾向がある。

それに、側室同士の反目、敵視がからんでくると事件はより陰惨になる。だから、この事件も実際におこりそうな暗殺事件といえる。

伝蔵がどうして毒物を入手したか、伝えられているところでは、加賀家で、土用の虫干しのとき、他の珍奇な品々と一しょに、秘蔵していた香具や薬種なども出して並べた。

その中に、舶来の砒霜や斑猫《はんみょう》などの毒薬もまじっていた。当然医師が、その見はりとして立ちあっていたが、伝蔵は、医師たちを言葉たくみにあざむいて、砒霜を盗みだしてしまったのだという。

これもできないことではないだろうが、発覚しやすい。それよりも医師を抱きこんでしまったのではなかろうか。また、伝蔵と真如院をおとしいれるために、医師を抱きこめる立場の者が、一芝居打ったのかもしれない。

お家騒動であるから、どちらの勢力が真犯人であったか、いまでは判断できないものがある。

越後騒動は、越後の藩主松平光長の重臣小栗美作が、やはり家督をめぐっておこした毒殺事件である。この騒動も当時の社会をゆるがした大事件で、そのために、越後家は、断絶おとりつぶしにあった。

前述の伊達騒動は、人口に膾炙《かいしゃ》しているが、通説では、やはり重臣の原田甲斐が、世子を毒殺して、自分がおす世つぎを立てようとした事件とされている。

使われた毒は鴆《ちん》毒で、それを手に入れるために、医師の大場道益を脅迫して抱きこんでいる。

が、幼君亀千代の食膳に毒を盛り食べさせようとするとき、道益の態度がただならぬので、老女浅岡、塩沢丹次郎らがあやしみ、丹次郎が進み出て毒味し、たちまち苦しみだして、血を吐いて、その場に悶死し、原田甲斐の陰謀が露見したということになっている。

要するに、権力・財力の座をめぐる執念の凄まじさ、浅ましさが、毒殺陰謀事件に最も象徴的に現われている。

　武家が政権をとった封建時代は、将軍家にもこの種の事件は多かった。天皇家もその例外ではない。要するに、伊達騒動も、原田甲斐、伊達兵部という奸臣が、お家乗っとりをはかり、若君の毒殺をたくらんだり、つぎつぎと忠臣を暗殺していくように物語は脚色されている。

　が、これがそのままは到底信ぜられないものであることは、今日では定説になっている。原田甲斐が忠臣でなかったにしても、かなりの人物で、それをめぐる権力争いか、あるいは幕府の伊達家制肘《せいちゅう》政策の謀略か、いずれかが、この悲劇を生んだものであろう。

　その他、佐竹騒動にも、毒殺陰謀事件があったといわれている。お八重の方ことお百という妖婦が重臣中川采女の共犯者として暗躍したとして、幕末芝居に脚色され、講談としても伝えられた。お家騒動に毒殺が多いのも、藩主の警戒が厳重で、武器を用いて殺すことができないので、女や医者を共犯者にしたてて、ひそかに毒を盛る方法がとられたのであろう。

　これと同様に、小栗美作を中心とした越後松平家の騒動も、表面に現われた事実通りを信ずるわけにはいかない。やはり家中の権力争いの発展と幕府の統制策を重視しなければならない。

このドラマにも、若殿に対する毒殺失敗がおりこまれ、お家騒動を面白くしているが、これも創作であろう。

ことに、この藩は、幕府にはガンであった。忠直卿の跡を引くものであるだけに、幕府の弾圧政策の目が光っていたことを見逃すことはできない。

第三章　江戸城中・殿中刃傷事件

一　老中井上主計頭正就刺殺事件

井上正就、殿中で暗殺される

江戸城中、いわゆる殿中の刃傷事件で有名なのは、「忠臣蔵」として知られる赤穂浪士の事件の発端になった浅野内匠頭の吉良上野介に対する刃傷である。

ところが、実際は、江戸城中の刃傷事件は意外に多いのである。

最も早い事件が、寛永五年（一六二八）八月十日に起こった、老中**井上主計頭正就**《かずえのかみまさなり》刺殺事件である。

刺客は、目付**豊島刑部**（**信満**）で、脇差をいきなり抜いて、井上を刺し貫いた。

ほとばしる鮮血と絶叫に、驚きあわてて青木久左衛門がかけつけ、背後からむずと組みとめた。

豊島は力をこめてふり切ろうとしたが、青木も渾身の力で組み止めている。騒ぎを知って、どっと多数がかけよってきた。

「いまはこれまで」

と思ったのか？　豊島刑部は、手にもった血のしたたる脇差で、腹を刺し貫いた。きっさきは、背を貫いて、背後の青木の腹に突き通った。

豊島刑部は、さらに多数の刃を受けて、その場で即死した。青木久左衛門も、豊島に刺された傷が意外に深く、出血多量で絶命した。

即死ではなかったようだ。息を引きとるとき、

「男子はいるか」

と聞かれ、

「妻がいま懐妊しております」

と答えたので、幕府はその志をあわれんで、生れた男子を相続者にして、青木家を立てさせたが、この子は四歳で病死した。青木家は哀れにも廃絶したのである。

しかし、青木の受けた傷は、豊島に組みついている時、多数が斬りかかり、誤って青木も斬ったのだとする説もある。（「東武実談」）

いずれにしろ、凄惨な事件であった。
井上正就は、徳川幕府草創期に大きな足跡を残した大物政治家であり、反本多正純派の重鎮でもあった。
本多正純の失脚事件にも一役買ったらへつ腕家でもあった。

井上正就（いのうえ　まさなり）一五七七―一六二八
江戸初期の老中。早くから徳川秀忠に仕え、近侍の三臣といわれる。大坂の役では小姓組番頭を務め、旗本を指揮して、秀忠の身辺を警護した。家康の死後、秀忠が将軍親政を行うと、これを補佐し、横須賀藩主、老中となって幕政に参加。江戸城西の丸で豊島信満の手によって殺害される。これは正就が豊島と約した婚儀を反故にしたためといわれる。

豊島信満（としま　のぶみつ）一五七九―一六二八
江戸初期の旗本、通称・豊島刑部。豊島家は武蔵国の武将の流れを汲む。父は後北条氏に従い、秀吉の小田原征伐で討死。信満は、関東領主となった徳川家康に仕え、大坂の役にも従軍する。老中井上正就の子の婚姻話をまとめるが、それを反故にされたことを恨み、江戸城西の丸で正就を刺殺。その場で切腹した。これは江戸城初の刃傷事件で、信満の嫡子吉継も切腹となり、豊島家は断絶した。

これだけの大物権力者の暗殺であるから、この事件は、当時の社会を震撼させた。

井上正就は、天正七年はじめて徳川秀忠に仕えた男である。納戸頭を経て、小十人組番頭、小十人、徒士頭三職を兼ねた。

大坂冬の役に出て功を立て、元和三年（一六一七）正月五位下に叙せられ、主計頭となった。

やがて見出されて御用人となり、一万石を加増された。

大坂夏の役にも出陣した。この年奉行に列せられ、また書院番頭を兼ねた。

八年重ねて祿高加増され、九年十二月には早くも老中に補《ふ》せられ、三万五千石を領し、遠江の遠賀城に封ぜられた。

とにかく目ざましい異例の累進出世である。

いかに秀忠に重要視されたかが、これだけで分かろう。

この頃、正就は、豊島刑部の媒介で、子正利のために、島田直時の娘を娶る約束をした。

が、後約束に背いて、鳥居成次の娘を娶った。刑部に対しては、わびて、「君命で辞し難い。あらかじめ祝言の約束をしたが、島田氏の娘を娶ることは辞したい」といった。

これを聞いて刑部は激怒し、これを直時に報じた。直時もまた正就の処置を憤った。ついに寛永八年（一六三一）八月十日、殿中で刑部は正就を責めて、口論になり、江戸城中西の丸において正就を刺殺してしまった。

正就六十六歳の時であった（あるいは五十二歳ともいう）。

二　細川越中守宗孝刃傷事件

人違いで刺される⁉

延享四年八月十五日午前八時頃、細川越中守は江戸城中の厠にいるところを突如斬りつけられ、抜き合すこともできず血にまみれて倒れた。九代将軍家重の時代である。旗本寄合の**板倉修理**（**勝該**）が、熊本城主**細川越中守**（**宗孝**）に殿中で刃傷したという大事件である。

細川は肥後熊本五十四万石の大名である。祿高からいえば、御三家に次ぐ格式である。

しかし、板倉は全くの乱心ということにされた。

しかも相手を間違えて、何の意趣もない者を殺したのである。斬った方も、斬られた方も、ともに無残な事件であった。

御徒目付《おかちめつけ》がかけつけた時は、顔も身体も六太刀も受けて誰か確認できなかったという。

板倉修理は代々旗本として六千石を領し、祖先には、京都所司代の板倉勝重、重昌などがいる。名誉ある家柄であった。

生来病身で、そのためか、非常に短気で、つまらぬことにかっとなって立腹し、すぐに脇差に手をかけたりする有様だったという。

それを心配して再三諫言した家老職前島林右衛門は、却ってしばしば斬られそうになった。

林右衛門は、本家の板倉周防守方から附人におかれていたのである。

林右衛門はお家の先が心配なので、修理を隠居させ、一族中から跡継を立てようと若年寄を務めていた板倉佐渡守勝清の子に白羽の矢を立て、秘かに一族と相談をしていた。この事が内室の耳に入り、修理の知るところとなった。修理は烈火の如く怒って、

「この上は、前島の首をはねん」

と待ちかまえていた。林右衛門はこれを聞き、ついに白昼槍を立て妻子を連れ、家を立ち退いた。
例年八月一日には、諸大名が登場して将軍に御礼を言上する。延享四年八月一日、殿中で修理は、板倉佐渡守にあった。すると、

板倉勝該（いたくら　かつかね）　？―一七四七
江戸中期の旗本。通称・板倉修理。旗本・板倉重浮の次男として生まれ、兄・勝丘の養子となって六千石の家督を継いだ。気位が高く、血気盛んだったといわれ、江戸城大広間脇の厠で、熊本藩主・細川宗孝を背後から斬り付けて殺害。乱心し、動機を語らぬまま、八日後に切腹。勝該の隠居を目論んだ板倉本家当主・勝清と誤ったのではと推察されている。

細川宗孝（ほそかわ　むねたか）一七一六―一七四七
肥後熊本藩五代藩主にして肥後細川家七代当主。十六歳にして父・宣紀の死去により藩主となる。当時の熊本藩では、天災や参勤交代の出費などによる財政難に悩まされていた。三十二歳のとき、江戸城の月例拝賀式で登城した折、大広間脇の厠で、旗本・板倉勝該に背後より斬殺される。一説には、九曜星紋と九曜巴紋を見間違えたといわれている。

「前島林右衛門の姿が最近全く見えぬ。本家の附人であるし、器量も一段と優れたものの故目をかけていたが、いかが致された」

と尋ねられた。修理はこれを邪推し、佐渡は林右衛門の密謀へ加担していたのであろうと考えた。

「佐渡殿、味な事にて修理をいじめ給うものかな。いかに若年寄の威光をたのめばとて、容赦いたしませぬぞ！」

と、脇差に手をかけた。驚いた佐渡は、修理の家老加藤宇左衛門を呼んで、

「この上は、ふとした機会でどのような大事をひき起こすかも知れざる故、出仕登城は勿論、寸歩も外へ出さず、養生を加えよ」

と禁足を申し渡した。が、加藤宇左衛門は帰ってすぐ主人にこの事を話したので、修理はさらに邪推した。

「佐渡守は吾をおしこめ、六千石を横領し、自分の子に与える野心であろう」

修理はそこで、表面隠居し、佐渡の子を養子に貰い受けると家中に告げ、

「もう一度登城して、大御所様（吉宗）に、いままでの御礼を言上したい」

と申しでた。そこで止めるわけにもいかず、加藤宇左衛門は、

「この儀、佐渡守様へ伺い申してもお許しなさるわけはございません。手前ひとりの

粗忽として、十五日目次の御礼に御登城遊ばしませ。万一お咎めある節は、私切腹仕るまでの事」

と賛成した。

八月十五日、修理は他より先に登城し、板倉佐渡守を待ち受けていた。細川越中守も登城し、御城坊主が供をして座敷へ通った。しばらくして小用を足しに立ち、便所に入り、手水を使っていると、いきなりうしろから斬りつけられた。愕いてふりむいたところを、二太刀三太刀と深く斬りつけた。顔面、左右の肩、首筋、頭部など六太刀まで受けた。

付添いの坊主は逃げ去り、修理も脇差を抜身のまま投げ棄て、逃げ去った。

白昼でも薄暗い場所なので、しばらくは誰もこの事件を知らなかった。ようやく小十人本間定五郎が見つけ、城中は騒動になった。

越中守は重傷で、下手人を聞いてもはっきり言えない。御門という御門は固くとざされ、人の通行は禁ぜられ、騒ぎはひろがった。

が、御目付役が、役人を動員して、隈なく尋ねても、殿中に下手人らしい姿は見当らない。越中守を甲斐々々しく看護している出雲松江の城主松平兵部大輔に嫌疑がかかったりした。

一方、表坊主の宝井総賀が、焚火の間近くの便所を捜しに行くと、便所の中で、鋏で髪の毛を切っている侍がいる。驚いて、

「どなた様でございます」

というと、

「われらは、ただいま人を討ち果したる故、申しわけに髪を手挟《たばさ》んでいるのじゃ」

という。その様子がただ事でない。

「出られませ」

というと、ふらふらと気ぬけしたように出てきた。それが板倉修理であった。

「いかなる所存で越中守殿を討たれたか」

と大目付、御目付立会で問いつめても、ろくな答ができない。完全な乱心なのである。修理はなぜ間違って細川越中守を殺したか？

これは板倉家の紋所が九曜、細川家のは巴九曜で、家紋が酷似していたためであった。全く越中守にとっては不慮の災難という他はない。

修理は、水野監物忠辰《けんもつただとき》へあずけられ、二十三日に切腹を命ぜられた。しかし、すっかり乱心しているので、入浴を嫌い、食事も後にしようなどといい、髪をとかさず、そのまま処刑の場に臨んだ。

きょろきょろして、白木の台の短刀もとろうとしない。足が痛くなったのか、座り直そうとして、少しうつむいたところを介錯人吉田弥五右衛門が刀を振り下ろした。喉の皮を少し残したのを、弥五右衛門はそのまま首を自分の手にのせて、検使に示した。

その手際、態度まことに見事であったと切腹の座に連なった人々は称讃したという。だが、実は乱心の末の誤殺ではなかったという説もある。

というのは、細川家の下屋敷は芝白金にあって、その隣に板倉の屋敷があった。ところが、細川家の敷地は、板倉家より高くなっており、雨が降ると下水が板倉邸に流れこんで水びたしになった。

そこで、板倉修理は、何度も細川家へ出向いて、かけあったが、細川家は応じようとしない。

坂倉は旗本といっても、六千石の高禄の寄合衆である。その気位で、

「田舎大名が、直参を侮った。許しがたい」

とついに、悲壮な決意を固めて兇行に及んだというのである。

これは、いかにもありそうなことと思える。

三　田沼意知刃傷事件

世論を沸き返らせた誅伐

この哀れな板倉修理の殿中刃傷にひきかえ、華やかな光彩に包まれて、世論を沸き返らせた殿中刃傷事件が、将軍家治の治世に起こった。

賄賂、請託、饗応が全く公然と行われ、風紀紊乱《びんらん》し切った田沼意次、意知《おきとも》の専権時代であった。大名という大名は、意次の門に出入りし、黄金、珍器、珍物を贈物として、その歓心を買う事に汲々としていた。

その歓心を買おうとする者は、意次の邸にだけでなく、彼の妾のところにもおしかけた。

妾の一人に、彼が小禄の時に楊弓《ようきゅう》場に出ていた女を召し抱えたのがいた。

彼女の仮親は千賀道有で、囚獄の医者であったが、侍医法眼にまで出世した。その妾でさえ、浜町に二千坪程の屋敷を構え、庭園、邸内の華美は目を奪うほどで、夏月納涼という座敷には、天井へガラスを一ぱい張り、中に金魚を飼うという華麗さであったという。

この腐敗は、世に頽廃遊蕩の気分をみなぎらせた。武士と遊女の心中事件など相ついだ。当時吉原の遊客は武士が七分で町人は三分にすぎないと言われた。城から下る途中、槍、挟箱は中間にもたせて帰し、そのまま遊里に直行する者も少なくなく、大名の家老が流連《いつづけ》して、そこで藩の政務をとった者さえいた。掏摸《すり》でさえ役人に賄賂を贈り、公然と人前で犯行を行い、もの好きな連中は、のんきに掏摸見物を行ったと伝えられている。

が、この治世を呪うように天変地妖《ちよう》が相ついで起こった。宝暦の大火、明和の大火と相ついで人心を恐怖に陥れた。流行病も猖獗《しょうけつ》をきわめ、米価は天井知らずに暴騰して、四民は苦しんだ。

浅間も大噴火したが、決定的な災厄は天明の大飢饉の襲来である。

田沼意知（たぬま　おきとも）一七四九―一七八四

江戸幕府若年寄。老中・田沼意次の嫡子として生まれ、相模相良藩の世継ぎの身でありながら、奏者番、若年寄と、異例の出世を遂げる。幕政に携わり、父の政策を推し進めていたが、三十五歳のとき、旗本・佐野政言によって江戸城内で襲撃を受ける。重傷を負い、八日後に死亡。反田沼派台頭のきっかけとなり、田沼時代は終わりを告げる。

飢民は、草苔、松皮、藁、犬、猫などは申すに及ばず、南部あたりでは、ついに死人の肉さえ食う状態であった。

二、三十戸、四、五十戸の村で死に絶えた所は数える暇がなかった。

「そのなき跡を弔う者もなければ、命の終りし日も知れず、死骸を埋めざれば、鳥けだものの餌となれり」

と、下野黒羽藩士鈴木武助が「農論」に記している。連日流民の餓死する者、千人、二千人と数えた。

陸奥国松前潟に行った人の話では、飢餓、疫病で、人は死に絶えたのであろう。田畑は荒れ果てて渺々《びょうびょう》たる原野が続き、里村はあれども行き交う人はなく、人の声一つしない。民家をのぞくと、中には白骨となり、夜着を着たままの死体もあり、草の間には骸骨が累々として重なりあっていたという。

このため、百姓、町人の一揆は全国にわたって頻々として起こった。また天井知らずに騰貴する米を悪徳な商人が買い占めて、売り渋ったので、天明七年五月、大坂を口火として近畿、中国、九州、東海、東北と全国にわたって打ちこわしが勃発した。

このような不平不満の充満している天明四年三月二十四日正午頃、殿中で田沼意知に対する刃傷事件が起こったのである。

意知は、同僚の若年寄連と肩を並べて、中の間から桔梗の間にさしかかった。その時番所に控えていた**佐野善左衛門**が、

「申し上げます。申し上げます」

と叫びながら、刀を抜き放ち、八双に構えて追いかけた。田沼が何事だとふり返るのを袈裟がけに斬り下げ、返す刀で下段を払った。佐野を組み止めたのは、大目付の松平対馬守であったが、彼は、善左衛門が田沼を仕止めたと見るまで、手を束ねていて、それから組みとめたという。そのため、浅野を抑えた梶川と対比して、当時の人達は、

「花も実もあるなされ方」

と賞めそやしたという。佐野は即刻揚屋（牢舎）に入れられて四月三日乱心という

佐野政言（さの　まさこと）一七五七—一七八四

江戸中期の旗本。通称・佐野善左衛門。五百石取りの旗本・佐野政豊の子として生まれ、十七歳で家督を相続。二十八歳のとき、江戸城内で、若年寄・田沼意知に大脇差で斬りかかり、重傷を負った意知は八日後に死亡。それにより政言も切腹。死後、庶民により「世直し大明神」と崇められるが、刃傷事件の動機は私怨だったと見られている。

名目で切腹を命ぜられた。

一方意知は、重態で、二十六日の暁方息を引きとった。市中の人気は沸き返り、翌日から米価が下がったので、佐野の事を〝世直し大明神〟と称して、歓声をあげ狂喜乱舞した。

が、佐野善左衛門が、果して公憤のためだけで、天下に代り田沼一族に誅伐を加えたものであろうか？　必ずしもそうではないという説もある。

田沼一族は、成り上り者なので、系図もなく、佐野の庶流と称していたが、良い家系がほしくなり、佐野の系譜を尋ねていた。たまたま佐野亀五郎という者から一族の善左衛門のことを聞き知り、

「本系図を借覧したい」

と申し入れた。が、何年たっても返そうとしない。直接田沼家にかけあうと、取次いでもくれない。それどころか、意知が、新番頭の蜷川相模守を呼びつけ、

「貴殿の配下の佐野は無礼である」

と申し伝えた。これを聞いた佐野は、抑えに抑えていたが、ついに暴発したというのだ。

真相は分らないが、誰一人田沼の権勢に楯つく者のなかった時に、佐野の刃傷は、

当時の人心を震撼させた。

　意知の葬儀は駒込勝林寺で行われたが、乞食や市民から石を投げられたり、悪罵されて葬列は乱れ、辛うじて棺を納めたという。

　佐野が、田沼の罪状十七条をあげた斬奸状《ざんかんじょう》を宿所に残しておいたというが、これも田沼を憎悪し、佐野を讃美する余り当時の人が作った偽作ではないかという説もある。

　しかしこれほどの壮挙を決行するのであるから、田沼の罪状を追及する斬奸状くらいは残しておくのが自然と思われる。

「田沼様には望みはないが、せめてなりたや将軍様に」

とまで権勢をうたわれた田沼意次も、この刃傷事件から急激に勢力を失い、ついに天明六年八月十五日将軍家治が死ぬと、全く人望を失った。二十七日老中を罷免された。これも新将軍家の命によるものとされた。

　同年閏十月五日、彼は、二万石と大坂蔵屋敷を没収され、江戸の役屋敷も召し上げられた。

　翌天明七年十月二日、所領二万七千石没収、遠江相良城も召し上げられて下屋敷に隠居を命ぜられた。彼は翌天明八年七月二十日、七十歳で秋風索寞、訪れる者もない屋敷内で、孤独な幕を閉じた。

田沼意知の真の暗殺者は？

ところが、佐野は、田沼に致命傷を与えたわけではなかったようだ。

とにかく斬られた田村は、太田備後守らによって近くの部屋にかつぎこまれた。医師天野弓順がかけつけたが、この男は外科医だというのに道具を持参していないといって手をつけない。

峰岸春庵という内科医も呼ばれたが、傷口を縫わずに、薬湯をせんじて飲ませた。

「心の臓はしっかりしております。とにかくお屋敷へお帰りになってから」

と峰岸はすすめる。そこで神田橋の田沼邸へ運びこんだ。その間に当然多量の出血をする。しだいに弱ってくる。

ところが田沼邸でも、抱えの医者はどういうものか一人もいなかった。あわてふためいているうちにがっくりまいってしまった。出血多量で息を引きとったのが、翌早朝であった。

これは、殿中で介抱した太田備後守たちも、医者も、田沼に反感をもっていて、ことさらに手当てを加えなかったものと思われる。

三田村鳶魚《えんぎょ》は、「山城守（意知）は佐野の刃傷で死んだのではない。外科医が手当てを怠ったためだ」といっている。

江戸城中である。すぐれた医師が多数いたはずだ。「外科の道具を持参していないから、傷口を縫えない」というようなことがあるはずはないと見るのが常識だろう。するると、真の暗殺者は、医者を抱きこんだ江戸城中の重臣たちであったかもしれない。

その中に、佐野をけしかけた者もいたのではないか？

しかし、この外科医に対しては、何のとがめもなかった。

とにかく、田沼とつれ立って、太田のほかに、酒井石見守、米倉丹後守が歩いていたのである。他の者も近くにかなりいた。佐野が、声をかけて追いすがり、田沼を斬り、またたたみかけて斬った。しかし、だれひとり佐野を押さえようとする者はいなかった。

この点が、他の殿中における閣老に対する刃傷事件ときわ立って違う点だ。

多数いたのだから、うしろから組みつくなり、みな抜刀して、佐野に斬りかかりなどするはずだが、それをせず、むしろ斬るのを見のがしているような光景である。

田沼自身が、よろよろと立ちあがって、逃げ、桔梗の間に逃げこみ、暗い場所に息をひそめてかくれたのである。

逃げ足は早かったらしい。逆上している佐野は田沼の姿を見失って、追い求めて中の間あたりまで血刀を下げて走ってきたところを、はじめて、大目付の松平対馬守と、柳生主膳正が二人がかりで捕えたのである。

その後で、うめいている田沼を他の小部屋へ移し、はじめて医師を呼んだ。すべてが、すっきりしない、もやのたちこめた暗殺事件であった。

佐野は私怨ばかりで刃傷したのではない。伝えられる彼が書いたという田沼の悪行十七箇条には、

「私利私欲にふけり、将軍家の恩を忘れ、無道のふるまい多し」
「烏滸《おこ》の沙汰、および汚職、人事も金しだいできめた」
「幕府重臣に、自分の次男を養子におしつけ、幕府重臣も強引に自分の勢力下においた」

などをはじめ、

「外国の金を用いて、後藤庄三郎に悪貨を作らせた」
「商人から重税をとり立て、庶民の生活を窮乏させた」
「賄賂の金を商人に貸し、利得を貪った」
「家康公の命日に、酒宴を張り、女どもを集めて遊興し、風俗を潰乱《かいらん》した」

「嫡子意知に、部屋住みの身にもかかわらず、若年寄の地位をみだりに与えた」

等々である。田沼の政治を鋭く批判、攻撃したものだが、これだけのことをいって、幕府の専制的な最高権力者を斬るのだから、はたして、佐野ひとりの考えから出たものであったろうか？

かなりの黒幕がいたのではないかとも考えられる。

田沼意次は、幕府の慣例、伝統を侮り、どんどんと改革の大ナタをふるった男だから、きわめて気の強い男であった。

他の重臣の思惑などは意に介しないところがあり、将軍さえ、無視するようなところがあった。

ある意味では逸材であったろう。しかし、それだけに敵が多く、彼を憎む声は、江戸城中にみなぎっていたに違いない。

ただし、田沼意次に対し直接刃傷しなかったのは、田沼の身辺はさすがに警固が厳重で、近づく余地がなかった。そこで、息子の方を狙ったのではなかろうか？　いずれにしろ世論に与える影響は大きく、田沼失脚の発火点になると読んでいたに違いない。

とすると黒幕はかなりの策士で、かなりの数の重臣を一味にひき入れていたのかも知れないのである。

四　相つぐ江戸城・殿中刃傷事件

赤穂浪士と吉良義央暗殺未遂事件

元禄十四年（一七〇一）三月十四日、江戸城中本丸御殿松ノ廊下で、**浅野内匠頭長矩**は突然脇差を抜いて**吉良上野介義央**《よしひさ》に斬りかかった。が、近くにいた旗本梶川与惣兵衛が、背後から組みつき刃傷を防いだ。吉良は額を斬られていた。事件については『梶川筆記』が残されているが、刃傷の原因については書いていない。

俗説は、賄賂の少ない浅野に対し、吉良が典礼を教えなかったと吉良を悪く仕立てているが、浅野は十五年前にも勅使の接待役を務め、典礼には通じている。浅野は頭痛の持病があり緊張の連続で疲れ、吉良と何かの理由で争い、発作的に激怒して斬りつけたとする説もある。

『冷光君御伝記』には、浅野は、痞（つかえ）という持病で、三月十一日には気分が悪く、侍医寺井玄渓から薬湯をもらったと書いてある。また、勅使接待役を命じられてから昼夜精力を集中していたのが、病気の原因であろうとも記してある。吉良は教養人で、高家の筆頭を務め、綱吉の信頼も厚かった。綱吉は浅野の刃傷を怒り、喧嘩両成敗の掟を無視し浅野を処刑したのが赤穂浪士事件の原因である。

大石は、もちろん、これが世にいう仇討というべきものでないことは知っていたはずである。

浅野長矩（あさの　ながのり）一六六七―一七〇一

江戸中期の播磨赤穂藩三代藩主。通称・浅野内匠頭。初代赤穂藩主・浅野長直の孫として生まれ、九歳で藩主となる。三十五歳のとき、勅使饗応役に任じられ、その際、典礼指南役の吉良義央に辱めを受けた。江戸城中、松の廊下で背後より義央に脇差で斬りかかり、傷を負わせる。この刃傷事件により、切腹。赤穂藩は改易、有名な忠臣蔵の発端となる。

吉良義央（きら　よしひさ）一六四一―一七〇三

江戸時代前期の高家旗本。通称・吉良上野介。高家とは幕府で儀式や典礼を司る役職。吉良家は足利一族の流れを汲む名門で、祖父の代より高家を務める。義央は高家肝煎であった。元禄十四年の勅使接待の際、江戸城内で赤穂藩主・浅野長矩に斬られて負傷し、隠居。元禄十五年、浅野家旧臣の大石良雄らに居宅を襲撃され、斬殺された。享年六十二歳。

ただ、腐敗した幕府の政道と世相を革新することを狙って、事を起したようである。

赤穂浪士の人気で、浅野内匠頭まで名君であったように美化されているが、確かに五万石の小藩を実質十五万石の裕福な藩に仕上げたのだから経済政策には才能があったらしい。

だが、その経営の才能は、もっぱら次席家老の大野九郎兵衛にあったようだ。

芝居では、全くの悪臣にされたが、実説は大野はすぐれた人物であったようである。平時に役立った男としては、大野の方が大石よりはるかに人物が上であったらしい。塩田政策をはじめ見るべき功績が多かったという。

大石は、無為無能、城代家老で家格は上だが、何の役にも立たず、余り目立たないので昼行灯と呼ばれていた。

浅野の江戸城における暴発は、藩をつぶすような、自己中心の家臣を忘れた行為であったので、苦労して藩を豊かにしてきた大野にとっては、憤怒に近いものを浅野に感じたに違いない。

事実、扶持を失って放り出される家臣やその家族の多くは、主君を恨んだに違いないのである。

ところが、浅野家取り潰しと聞いて、喜んだのは、領民や百姓だったと伝えられている。それだけ浅野は、重い租税をとり立て、搾取がひどかったようだ。

彼らは、赤飯を炊いて祝い、歌い踊ったという。

大石は非常の時に光る男であったようだ。

理屈の上では、浅野の暴発で、被害者は吉良である。仇討などを計るのは筋違いである。

恨むなら喧嘩両成敗を行わなかった幕閣といえる。

しかし、城にたてこもって一戦交えても、勝つ見込みは全くない。

そこで、彼は弱い相手の吉良を討つことに方針を変えたのである。

小さな吉良邸なら、ひそかに行えば、討ち入って首をとることもできないことではない。

仇討ということなら世論に大きな同情と反響をまき起して、お家再興も夢ではない。

たとえ、切腹を命じられても、後世永く歴史にその跡をきざみつけることだろう。

この捨て身の行動で、彼は昼行灯からひととびに不滅の義士になったのである。

気の毒だったのは、吉良である。高家筆頭で、すぐれた学識、才能に富む教養人であった彼は、その所領の三州吉良でも、領民をうるおすところ多く、名君と慕われていた。

そのため、吉良では、さしもの人気の忠臣蔵も、幕末まで上演できなかったという。

この事件の被害者は、藩を失って、路頭に迷った赤穂藩士と、浅野に斬られた上に、筋道の立たない仇討で首を斬られた吉良であった。

松平外記の五人斬り

文政六年（一八二三）四月二十二日、江戸城西の丸の御書院部屋で、旗本の**松平外《げ》記《き》（忠寛）**は同僚の書院番五人に対し、抜刀して斬りかかった。

よほど腕の立った男と見えて、三人を斬り殺し、二人に傷を負わせて、自分はその場を去らず自決した。

夕刻四時すぎ頃なので、城中はあまり人気はなく、それを見はからっての刃傷だったようだ。

書院番は、将軍の警護の役だからみな武芸には秀でていた。

原因として伝えられているのは、たまたま駒場で鳥追いの行事が催されることになり、松平外記は重要な役を与えられた。

そこで上役や同僚がしめし合せて苛めたという。出る杭は打たれる。いつの世でも、人の出世をねたみ、足を引っぱろうとする陰険な男はいるものだが、人がいいものほどその種の人間にさいなまれる。ついに耐え切れなくなって暴発するなどはよく見られることである。

しかし、江戸城中で、将軍警固の者が、刀を抜いて、人を斬るなどという大それたことを起こすには、よほど腹にすえかねることがあったのであろう。事件は例によって乱心として処理された。

鳥追いの行事は、将軍も出馬して行われることもある行事である。将軍出場の時は、これにしたがう役人や旗本にとっては、また晴れがましい行事でもあった。

このとき、松平外記は拍子木役に選ばれた。この役は、鳥追いを指導する格の高い重要な役目であった。

松平忠寛（まつだいら　ただひろ）一七九一―一八二三

江戸後期の旗本。通称・松平外記。徳川家康の時代までに分家した桜井松平家の出といわれる。江戸城西の丸の御書院番として出仕。弓や馬術に通じ、真面目で剛直な人物であった。古参の書院番たちに妬まれ、裃に墨を塗られるなどの陰湿ないじめに遭う。これらに憤慨し、殿中で刃傷に及ぶ。本多伊織ら五人を殺傷し、自刃して果てた。享年三十三。

しかも、外記は、上役をとびこして抜てきされたのである。

上役の曲淵大学は、それを快く思わず、松平外記が、神妙に、

「この度は、不肖の私が拍子木役に選ばれました。未熟者ですので、よろしくお引きまわしのほどを」

と挨拶にきたとき、

「貴公ごときに一体何ができるか、まあお手並拝見しよう。たのしみにしているぞ」

というような調子で、散々に侮辱し、嘲笑した。しかし、上役や同僚の協力がなければ、大任を無事にしとげることはできない。

外記は耐えて、自分の邸へ、上役や同僚を招いて、

「この度の役目、よろしく御協力下さい」

と頼みこもうとした。これは礼儀でもあった。しかし、曲淵は、他の者としめし合せてこの招待をすっぽかした。

また、安西伊賀之助も、この招待にわざと遅刻し、その席では、外記に対して、聞くに耐えない悪口を浴びせかけた。

松平外記が斬ったのは同僚ばかりで、沼間左京、戸田彦之進、本多伊織の三人はその場で即死した。

間部源十郎、神尾五郎三郎の二人は斬られて負傷した。

五人も斬られて、だれも外記を斬り伏せることはできなかった。

犯行後、外記はその場を去らず自決した。午後四時すぎだった。

おそらく外記は、まじめで、生一本の性格だったのだろう。

幕府は、むしろ外記の方に同情して、事件を裁いている。

殿中でこれだけの流血事件をひき起こしたのにかかわらず、松平家は廃絶させられていない。小納戸役をしていた父の松平頼が退職させられただけである。

曲淵、安西ともに職をやめさせられ、斬られて生き残った神尾家は廃絶、間部は、退職させられた。

むしろ被害者の方が処罰は重かった。

第四章　その他の暗殺事件

一　江戸幕府顚覆の大謀叛？　――慶安の変

由井正雪の評価

由井正雪《ゆいしょうせつ》の評価は、江戸時代から最近まで、野心家とか山師とか悪いものが多かった。

江戸時代は、その体制を維持する都合からも、御用史家に書かせて、そのように宣伝する必要があった。

明治維新後も、天皇制政府は、叛逆者をよろこばず、乱臣、賊子としての評価を変えなかった。

しかし、客観的に、資料を追究すると、そのように歪曲された評価が、必ずしも当っていないことを発見するのは、正雪に限ったことではない。

その時代に、ハリツケ、獄門にあったものが、後世では、義人になることは少なくはない。

後述する大塩平八郎の場合もそうである。しかし、悪のレッテルを貼られたものを、何でもかんでも、志士仁人《じんじん》に焼き直す行きすぎた傾向もある。

異説、必ずしも真説ではなく、売らんがための虚説であることも少なくはない。

正雪の狙いは、当時全国に満ちあふれた浪人たちの失業救済運動だったと見る人もいる。これもたしかに、正雪のたくらんだ事件の目的の一つだったかもしれない。

幕府のとりつぶし政策にあって、扶持を失った浪人たちが、不満と捨鉢《すてばち》な反抗で、幕閣の政策を批判して、不穏な空気をかもし出していた。

由井正雪（ゆい　しょうせつ）一六〇五―一六五一
江戸中期の軍学者。駿河の紺屋の子として生まれ、江戸に奉公に出た際、楠木正成の末裔という楠木正辰（楠木不伝）に軍学を学ぶ。神田に軍学塾「張孔堂」を開き、門弟は最大で三千名を数え、門下生には大名もいたという。浪人救済、幕府転覆を企てたとする、いわゆる慶安の変（由井正雪の乱とも）を起こし、駿府にて自害。享年四十七。

これが、団結、集合すると幕府には、大きな危険になることは確実だった。

この情勢は、明治維新後、廃藩置県で、扶持をとり上げられた旧士族が、団結して、しばしば反乱を起こし、その不満のはけ口を政府打倒に向け、盟主として、西郷隆盛のかつぎ出しに躍起になった姿に酷似している。

正雪が積極的にこのくわだてを計画したものか？

浪人たちが、正雪の人格、識見に傾倒して、かつぎ出して、盟主に仰いだものか？

いまに至るも各説があるが、その真相は見きわめにくい。

しかし、正雪が、なぞに包まれた人物であることだけは、事実である。

正雪の正体？

由井正雪は、その素姓すら定かでない。姓も油井あるいは由比といろいろに書き、松雪となっているものもある。

駿河油井の紺屋の子であるから油井と称したと、『油井根元記』には著されている。

『寛明日記』では、駿州宮ヶ崎町の弥右衛門という商人の次男として生まれたということになっている。幼時より天才的で、読書ばかりしていたので、今川家の檀那寺臨済寺に入れられた。

この寺には、かつて今川義元の軍師であった雪斎と称する僧が住んでいたので、その遺した軍書を読んで、大いに得るところがあり、雪斎の雪の字をとって正雪と号した。

青雲の志を立てて、江戸に出て浪人となって芝の近辺にいたが、寛永の大火の際、掛硯の箱を拾った。中を開くと楠木流の軍書があったので、正雪はこれを天の賜として悦んだと話は面白い。

彼はその後、軍学者として江戸で売り出す。

それまで、軍学者として兵学を講じたものは、小幡勘兵衛と、北条安房守の二人だけであった。

勘兵衛は甲州流軍学を講じ、その門人に北条安房守、つづいて山鹿素行《そこう》が出たのである。当時兵学といえばこの門に入らなければならなかった。

正雪は、彼らに対抗し、別に楠流軍学を唱えたのである。この辺は見識がなくてはできることではない。『玉滴隠見』によると、門人として集まった浪人は三千人とある。

軍学者としての正雪の名声は、異常なほどで、御三家の一つである紀州和歌山の徳川頼宣、また名君として噂の高かった備前岡山の池田光政も、師としての礼をとって、手厚く正雪を迎えた。

池田光政が、熊沢蕃山《ばんざん》をやって正雪を五千石で召し抱えようとしたが、正雪は不満の色を現わしたので、

「正雪には叛逆の心がございます故、お召し抱えの儀は、おとりやめになった方が宜しかろうと存じます」

と蕃山は復命した。

池田光政は、これまで正雪を尊敬していたが、そのために採用を思い止まったという話も伝わっている。

とにかく、当時書かれたものには、正雪を悪しざまに酷評したものが多い。もっとも楠流軍学を唱え、楠正雪などと名のったと『落穂集』にあるから、これを山師呼ばわりする向きもあったであろう。

しかし、他の軍学に対して、楠流を立て、多数の門人を教え、諸藩、諸大名の帰依する者も多かったのだから、人物としての器は一流であったと見てよいだろう。

軍学の講義をして、諸藩の俊秀を教えるとなると、並の人物ではできないことである。

サギ師のたぐいではないことは明らかである。

人格、識見ともに秀でた人物であることは間違いないようだ。

家伝の巻物がなくて、楠流を講じたとなれば、大変な勇気である。要は、彼が講じた内容の中身が、多くの優れた武士を魅きつけたことが、注目に価するのである。

門人の中には丸橋忠弥、金井半兵衛、鵜野七郎左衛門などという高弟がいて、正雪の企てた大叛逆に参画するようになる。

諸藩の家臣も少なくはなかった。

正雪は、また名文家で、いまでいうベストセラー作家でもあったようである。

彼が書いた『平家物語評判』や『太平記評判』は、よく売れて、浪人をはじめ諸藩の武人、また庶民までがむさぼり読んだのである。

これは、新井白石などは面白くない。正雪のことを何だかだと悪口を書いて、

「万人にすぐれ候ばけものと聞え候」

と極めつけている。

叛逆か？　義挙か？

『徳川実紀』、『元延実録』、『玉滴隠見』などによると多少の差はあるが、幕府の発表

した正雪挙兵の計画は、次のようなものであった。

江戸においては、丸橋忠弥が中心となって兵を挙げ、正雪は駿府に赴き、久能山の金を奪った上、駿府城を乗取ろうという計画であった。江戸ではどうするか？

江戸城の外郭五ケ所、町方二ケ所に放火して市中を焼き立て、小石川煙硝蔵の奉行の子息を抱き込み、煙硝三万駄に火を放ち、江戸市中を焼き払う。

この騒動に乗じ、用意した葵の紋の提灯をとばし、「紀伊大納言警固のため登城」と呼ばわりながら城中へ入る。こうしてやすやすと城を奪い、老中、諸侯狼狽して登城するのを途中に待ち受けて斬る。

江戸市中をなきものにして後、駿府に集合し、久能山の財宝を奪い、天下に号令すれば、天下の浪人招かずして到り、天下を掌中におさめることができるというのだ、乾坤一擲の凄まじい大陰謀計画である。もしこれが実現していたらどうなるか、天下が正雪の手中に帰するかどうかは別としても、大変な騒ぎになったことは事実であろう。

陰謀の露見は、一味の奥村八右衛門が駿府におもむくため兄奥村権之丞に暇乞いに行った（『玉滴隠見』によると多少違う）。

「主取りをいたしますので」

というので、あやしく思って、問いつめると、松平式部大輔に仕えるといったり、あるいは紀州家へ三百石で召し抱えられる約束だといったり定まらない。不審を強めてなお問いつめると、ついに隠し切れず、打ちあけてしまったというのである。

兄権之丞は直ちにその主松平信綱に密告した。そこへ弓師藤四郎が、

「正雪から大量の弓矢の注文を受けました」

と町奉行所へ訴え出た。もはや疑うところなしとして、その夜のうちに丸橋忠弥召し捕りの手筈をきめ、一方新番頭駒井右京を駿府に遣わして、駿府城番とともに正雪を召し捕らせた。

忠弥は、寝込みを襲われて、力戦して抵抗したが、捕えられた。正雪は、包囲の中で悠々と切腹をして果てた。その時残した書き置きには、

「私が叛逆する様に申す者もあるが、これはみな讒奸《ざんかん》のなすところである。私の如き者がどうして四代の天下を乱すことができようか」

と謀叛を否定し、

「さりながら天下の制法無道をきわめ、上下困窮し、心ある者みなこれを憂慮している。その罪は酒井忠勝らにあるから、忠勝を流罪に処するために、偽って人数を催し、籠城して、義挙《ぎきょ》の趣を伝えようと思ったのである。万世の施策が成れば、この身はい

かようになってもかまわぬ。紀伊大納言様の御名を借り申さずば、人数を集め難く、偽りて御扶持を蒙る者と申し立てた。私はだれからも扶持を申しうける者ではない」と、特に紀伊家から扶持も援助も受けていないと断り、死後も紀州家に迷惑のかからないように配慮している。死に際して、この冷静透徹した名文を読むと、正雪が、その陰謀計画がたやすく実現するなどと考える軽薄な男ではなかったように思われる。

しかし、騒乱を起こそうと企んだことだけは、事実のようだ。

この時正雪は、

「斬って出て死花を咲かそう」

という門弟を制して、

「十人二十人の敵を殺しても何の効もない。万一生け捕りされて、拷問にあい、見苦しい死にざまをしてはならない」

と自害を決したという。

その上で連判帳らしい一巻の書を焼き、自害し、その首を弟三左衛門が討った。つき従った者七人も、これを見て刺し違えて死んだという。

これは二十六日のことだったが、二十八日、幕府は、駿府城代大久保忠成らに命じて、正雪らの死体をハリツケに処した。

家光死後の世情不安に乗じたのか？

旗本小田又蔵彰信の編さんした「廃絶録」という文書があるが、それによると慶長七年から明和二年までの間に、廃絶された大名の数は、二百五十家と記されている。西暦に直すと一六〇二年から一七六五年であるから、百六十三年間である。

慶長五年、関ヶ原役が、関東徳川方の勝利に終り、西軍の将石田三成が処刑される。以来豊臣譜代の大名をはじめとして、外様大名に対して、きびしい廃絶処分が、情け容赦なく行われたのである。

これと同時に、扶持を失った失業浪人が、明日食う米も金もなく巷にあふれ出たのである。

当時は、当然のことのように夜盗出没し、世情不安はひろがっていた。

慶安四年（一六五一）春から三代将軍家光は、病を発し、四月になって危篤に陥り、二十日息を引きとった。

かつて、家光が病い重く、久しくならなかった時に、

「三代将軍死す」

という誤報が伝わって、人心不安が広まり、

「この機逸すべからず」

と、天草四郎らは、島原に兵をあげたといわれているほどだ。

世子家綱は、わずか十一歳の幼少である。また、幕府に取りつぶされた福島、加藤、蒲生、最上ら諸家の浪士は、巷にあふれて、決起の時をうかがう不穏な時代でもあった。

この時、酒井忠勝は、

「この際しばらく喪を秘すべきが至当である」

と極力主張したが、阿部忠秋が反対して、家光の死が天下に発表されたと伝えられている。

当時の幕閣の重臣は、不穏な情勢を感知して、これを抑えるために戦々兢々たるありさまであった。

事実、世人は、酒井忠勝、松平信綱の牛耳る幕政に対して、正雪同様、不満と強い批判を抱いていた。

この時（七月九日）起ったのが、松平定政事件である。松平定政というと、家康の異父、同母の弟である松平定勝の六男で、三河刈谷の城主松平能登守であった。

この定政が、乱心扱いされて、その痛烈な幕政批判をうやむやにされたことに対し、正雪は怒り、酒井忠勝らの罪の一つとしてあげている。

すなわち正雪は、この松平定政の幕政批判のための出家托鉢事件をとり上げ、これに対する幕閣の処理のし方と権力主義的歪曲と強圧に対して、痛烈に批判している。

松平定政事件とは、次のようなものであった。

定政は、前述のように家康の異父弟である松平定勝（久松松平家）の六男で、慶長十五年（一六一〇）に生まれた。家康の甥に当たる人物である。徳川一門の中でも格式は高かった。兄の定行は、寛永十二年（一六三五）、伊勢桑名から伊予松山に転封され、十五万石という徳川一門の大名（松山松平家）という地位をもつ身分になっていた。

定政は寛永十年から家光の小姓となっていたが、翌十一年には、小姓組番頭という五千石どりの地位にすすみ、慶安二年（一六四九）には二万石の大名にのぼり三河刈谷の領主になった。

定政の昇進は、御家門であるからという理由からだけでなく、すぐれた才腕をもち、家光の信任が厚かったためである。定政はそのため、家光の死にあたって深く悲しみ殉死しようとしたほどだった。

家光の没後三ケ月たった七月九日、定政は突如髪をおろして出家し能登入道不白と名のって、どうしたことか、江戸市中の托鉢をはじめたので、世間は驚いた。家康の甥が、にわかに、市中に現われ、市民の家に軒ごと立って経を上げほどこしを乞うたのである。その前日、定政は、自邸に増山正利・中根正成・宮城和甫らを招いて、

「おりいって頼みたいことがある」

と前おきし、幕政批判を激しく行った。

「私は、家光公の御寵愛を強く受けた身なので殉死をして、その御恩に報いたいと願っていた。生きのびているのは幼い将軍家にお仕えして、心を傾けてつとめたいと思ったからだが、現在の執政の人々のやり方をみていると、天下は遠からず乱れ、徳川家の将来もどうなるか分からないと思うのでこれを書いた」

と、一通の意見書を三人に手渡した。

これは、当時として容易ならぬ大事件であった。

幕政批判が、徳川一門の大名の口から、公然と行われたからである。招きをうけた三人は、これを見て愕然とし、このままにしておくと自身たちの身が危うくなると考え、井伊直孝のもとにとんでいき、意見書を見せて報告した。井伊もまた驚きあわてて、早速幕府要人を招集した。

意見書を見て、彼らはみな色青ざめた。

その中には、定政が二十歳から四十二歳にいたるまでのあいだ見てきた幕政が歌にことよせてこと細かく、しかも批判をこめて記してあったからである。その中には、
「これについて尋ねるところがあれば、いつ何時でもお召しに応じて参上つかまつる」
と記してあった。

このような幕府批判に対して、権力者たちのとる手段は、常に批判者を乱心者として葬ることである。それは昔も今も変らない。

果たして幕閣首脳たちは、定政の行為は狂気のためのものであるとして処理することにきめた。しかし、定政の幕政批判の真相はすでに世間に広がっていた。

「金銀もあるにまかせてつかうべし、つかわぬ時はむほん（謀叛）ぎゃくしん（逆臣）」

という、重大な警告とも思うべきことも記されてあったのである。江戸市中を托鉢して回りながら定政は井伊直孝あてに、第二回目の意見書を書いて提出した。

「当代になって、一見天下は安穏のようにみえるが、はじめから上下の困窮はひどいものがある。にもかかわらず幕閣はこれに対し、なんら救済の方法を講じていない」

「自分は一人で二万石という大禄を食んでいる。この状勢を見ては、とてもそれに甘んじてはいられない。そこで俸禄はもとより武具・馬具にいたるまで、ことごとく幕

府に献上しようと思い立った。自分の俸禄だけを計算しても五千石ずつあたえれば四人、五石ずつあたえれば四千人の人々に分かちあたえることができるのだ。これは、大いに天下のためになることだ。自分一人では、とうてい四千人分の働きはできない」

この痛烈な批判と幕閣の政治の腐敗と要人の栄華に対する諷刺は、世をゆるがした。上下困窮とは、もっぱら旗本の窮乏を指しているが、それだけでなく庶民の窮乏も含んでいることはいうまでもない。

当時、旗本の窮乏は、寛永のころからしだいに進行しはじめていた。これに対して、幕府の首脳者たちは、封禄を加えたり、一応窮乏の原因を検査してみたり、倹約令を発したりしてきたが、このようなお座なりの政策では、とうてい抑えきれない状態になっていた。そのため旗本たちの不満は高まり、幕閣の政策に対する不平不満は強くなっていた。そうした時に起こった松平定政事件は、旗本たちのうっ積した不満に火をつけ、天下騒乱のきざしさえ見えはじめていた。

定政の托鉢事件から四日たった七月十三日井伊直孝は、事件の関係者をみな呼び集め詳しい事情を聴いた上、その翌日登城した。

幕閣首脳との会議の結論は「松平定政を狂気乱心につき改易に処す」という決定を

下したのである。

十八日、定政の兄の定行を江戸城によび、この処分を申し渡して、定政事件の真相を強権で葬ってしまったのである。

正雪は、この事件の決着のし方について厳しくふれ、「幕閣要人は、正しい批判を受けとろうとせず、定政を狂人扱いにして、その忠義の志を空しくした。これは天下にとって大きな歎きであり上様（将軍家）のためにもよくないことと考える」と指摘している。

正雪の遺書

正雪の遺書は、末尾に「七月二十六日朝五つ（午前八時）」と書いてあるが、実は二十六日の暁に、役人が、びっしりととり囲んでいっせいに踏みこんだときには正雪はすでにみごとに自決した後であった。

正雪の意図したところは、身分制による階級秩序が固定していく過程の中で、食禄からはなれた浪人たち、いわば階級秩序からはみ出した者たちが、幕閣の政策に対して実力行動で挑戦し、改革をはかるところにあった。

外様大名の改易と転封という無慈悲な政策を強行してきた武断主義的な幕政に対す

る反撥でもあった。

また、幕府要人のみ栄えて、旗本から庶民百姓に至るまでに対し、搾取が強まり、上下困窮していることに対する武力による反撃の第一矢を放って、天下の志ある者の決起を呼びかけるためのものであった。

正雪事件に驚いた幕閣要人たちは、この年の十二月十日、江戸城の日本書院に集合して浪人問題について協議をとげた。

酒井忠勝は「正雪らが陰謀をくわだてたのは、浪人たちが多く江戸に集中してきているからである。浪人を江戸から追放さえすれば永く静謐をたもつことができる」という例によってお座なりの意見を述べた。

この意見に対し保科正之と松平信綱は賛成したという。しかし、阿部忠秋は強く反対した。

「浪人が江戸にあつまってくるのは、仕官の途を求めるからである。浪人を江戸から追放すると、彼らはその道さえとざされて、悪行に走るものが激増し、より下民を苦しめることになる。これを幕府の仁政ということはできない。また、彼らのなかにも妻子もあり父母もあるものが多い。これらの者は、みな非人・乞食に落ちなければならない。

これでは、天下の御政道とはいえない。彼らを江戸の外に追放することは不可能なことではないが、同じ日本国内なので、幕府の厄介者になるのはいままでと同様である。〝痩馬は鞭を恐れず〟という諺があるが、浪人たちは地方に散って、ふたたびどのような謀叛計画をたてるかわからないであろう。だから現在のままで結構である」

井伊直孝はこの説に賛成した。しかし、これも仁政などではなく、政道ですらなかった。要は、現点において浪人をどうあやつるかということだけである。

「浪人が江戸に集中して、陰謀をくわだてたとしても、そのときは、そのときのことで、今度のように、召し捕えればよいことだ。それはさしてむずかしいことではない」

正雪の陰謀に恐れをなして、浪人を江戸から追放して、永久に彼らが身がたたないようにしたと評されたのでは、天下、後世に対して恥ずかしいことではないか。

忠勝や信綱もやむなくこれに賛成して、浪人の江戸追放は中止となったが、問題の本質を解決し、浪人たちの困窮を救おうというのでなく、このままの状態において、謀叛の企てがあれば、また弾圧すればよいというだけの政策決定しか行わなかったのである。

幕閣首脳にとっては、将軍家と自分たちの繁栄だけが、もっとも重要な関心事であり、他はその搾取政策の中で、困窮のままおいておくのが、もっともよい政策であったのである。

正雪はそれを見ぬき、議論では埒があかないと悟り、乱をくわだてたものとも見られる。

紀州頼宣の役割

紀州藩主徳川頼宣《よりのぶ》は家康の第三子で、武勇を愛し、器量も群を抜いていた。気宇壮大で、進取の気性が強く人望も高かった。幕府はそれを恐れたのか、ことごとに頼宣の意志を抑えた。

頼宣は島原一揆の時鎮撫《ちんぶ》総督になり、その働きを示そうとしたが、幕府は許さなかった。

鄭成功《ていせいこう》が日本に援兵を求めた時も、頼宣は、口を極めて開戦論を主張したが、井伊直孝の反対にあって実現しなかった。

彼はそのような幕府を悦ばなかったものか、幕府の嫌うことばかりを、「公然」と行った。

浪人をどしどしと召し抱えたのもそれである。豊臣に縁故の深い福島正則の遺臣である有名な村上彦右衛門義清を抱え、武者奉行という高い地位を与えたのである。

そのために、庶民や外様大名、浪人たちからは、強い人気を集めたが、そうした動きに対し、幕府は極度に警戒の目を光らせていた。

そこへ正雪の謀叛計画が起こったのである。正雪は、頼宣と関係なしと特に断って死んだが、とにかく紀伊頼宣の名が用いられている。老中らは一大事として、頼宣の登城を促した。

正雪の文書の中に、紀伊家の判があったのでこれを問いつめると、頼宣は、

「これは黒いではないか、わしのはみな青いのじゃ」

といって見せたので老中たちは納得したと伝えられている。しかしこの程度の釈明で、実は幕閣は安心したわけではない。

以来慶安四年より、万治二年まで、ほとんど十年間、頼宣は、江戸に留めおかれて帰国を許されていないのである。

幕閣が、いかに頼宣の心事を疑ったかが分かる。

印が偽印ときまって、頼宣が助かったなどは、昭和の吹原産業事件を何となく思わせ、多分に政略的なにおいがする。

正雪の謀叛について紀伊頼宣が、果してまったく無関係であったか、どうか、こ

れはいまなお強い疑問が残されているといってよいであろう。

これも、徳川家をめぐる政権争い、俗にいうお家騒動的要素に、真因がありはしないかと疑わせる事件である。

また、当時幕閣の打ち出した幕府絶対主義に対して、諸大名をはじめ広く強い批判がひろがっていた。その代弁者として、世論を背景にして、頼宣は立って、幕府の専制に対し一矢報いたかったのではなかろうか？

あるいは、次期将軍職をめぐって、天下の支持を集める派手な動きをしたのかも知れない。

正雪は、その心理を巧みにつかみ、頼宣の参謀になっていたのかも知れない。あるいは、ただ頼宣の政争の具に利用され、最後は見捨てられたのかも知れない。

いずれにしろ、幕閣のしめつけに対し、諸大名が息をひそめているときに、この事件をめぐる正雪と頼宣は、天下を震撼させたのである。

戦前は、学者の間でもやはり叛逆者をよろこばない風潮があったので、頼宣一味説には否定的な意見が多かった。

栗田元次氏も次のように否定的な意見であった。

「もとより頼宣がこの陰謀にあづかつたわけではないが、牢人に担ぎ上げらるるに相応した人物であつたことは争はれぬ。彼が人好《ひとよし》で、牢人を最も多く召抱へた一人であることは有名であるが、鄭成功が援兵を求めた時、牢人を集めてこれに当らしめようと言つたのも彼であり、既に幕府からも元和七年に、城郭の増築から嫌疑を受けたこともあつたくらゐである。とにかく、紀州様御謀叛を信ずるものがあつただけ、幕府の基礎にまだ隙があつたものと言はねばならぬ。」

（『中央史壇』第十二巻）

否定しながらも、嫌疑を受けるだけの要素を頼宣がもっていたことを指摘している。

私は、頼宣が、幕閣の政治に強い不満と批判をもっていて、実力行使をしたいほどの気持を抱いていたと見て、正雪らの陰謀の黒幕的存在であった疑いが強いと思う。

クーデターのような大陰謀の際に、自分は直接手を汚さないが、背後で資金を応援したり、作戦を暗示したりする人物は必ずいるものだ。あるいはけしかけるだけの人物もいる。

昭和のクーデター計画でも、三月事件、十月事件、二・二六事件とみなそうであった。

しかし事が敗れたとき、決起した者が黒幕の名を自白することはほとんどない。頼宣の場合もそのような存在であったのではないだろうか?

正雪が大野心家で、浪人たちの幕政を呪う怨嗟の声に目をつけ、これを掌握して、クーデターを計画したものか、それとも幕府が、浪人の動静を恐れて、彼らの信望を大きく集めていた正雪を謀叛人に仕立てて、大弾圧を加えたものか、あるいはその二者の合したものか？　いずれにしても、不平士族の不満が西南の役に至るまでの叛乱になり、時の政府を追いつめたように、この浪人問題は、徳川初期にそのうみを絞り出さなければならない宿命にあったことは否定できない。

二　大きな意義をもつ大塩の乱

幕政の腐敗をつき窮民を救う

徳川時代、幕政に反抗して、クーデター計画を行った例は、**大塩平八郎**の乱一つであろう。

由井正雪の乱も、陰謀の規模はそれより大きかったかも知れないが、事前に察知されて、不発に終った。島原の乱は、幕政改革を目ざしたものではなく、切支丹に加えられた弾圧に反抗した殉教的暴動というべきであろう。

時代は、天保の大飢饉の時である。将軍家斉のころで、文政から天保にかけ、暴風雨、つなみ、大地震、大火、大洪水、凶作、飢饉と相ついで起っていた。
米価は、天明の飢饉の頃に負けず劣らず、天井知らずに暴騰、天保八年にはこれに重ねて、悪疫さえ流行した。

これに対し、大坂の町奉行の措置は当を得ず、三井、鴻池ら豪商達も、大塩のいう義捐計画に耳を傾けず、窮民《きゅうみん》に救いの手をさしのべなかったので、大塩は、ついにやむなしと決意して挙兵して町奉行所を襲い、窮民を救おうと志したのである。

天保八年二月十九日、早朝、大塩は「天照皇大神宮、湯武聖王並びに東照大権現」と認めた旗二流、「救民」と大書した旗一本をおし立て、大筒四挺を引き出し、どっとうって出た。

大塩平八郎（おおしお　へいはちろう）一七九三―一八三七

江戸後期の儒学者、大坂東町奉行所与力。大坂天満の与力・大塩敬高の子として生まれ、祖父に育てられる。奉行所に出仕して三十八歳まで勤め、名与力と評された。隠居後は私塾・洗心洞で陽明学を教え、天保の飢饉では、蔵書を売って救済に努める。四十五歳で門人と民衆を率いて挙兵するが一日で鎮圧され、一月あまり潜伏した後、自焼して果てた。

が、すでに異変を知った奉行所側の警戒が厳重をきわめたので、右に転じ難波橋を渡り、市中を進み、三井、鴻池両家に向って大筒を打込んだ。

次いで、三井岩城店、天王寺屋、平野屋、鴻池庄兵衛、袴屋も焼き払い、二手に分れて進んだが、初めのうちは、奉行所側は周章狼狽して逃げまどい、気勢大いにあがった。

ようやく陣形を整えて逆襲し、夕方には大塩方は衆寡敵せず潰乱した。挙兵は空しく一日で敗れたが、市中の火は三日にわたって消え去らなかった。

大塩の一味は、わずか二十余人に過ぎず、初めから無理な挙兵計画であったが、大塩はこの義挙で、腐敗し切っている幕政を反省させ、窮民を救い、政道を正そうとしたものであろう。

大塩父子の行方が不明なので、市中の動揺はしずまらず、人々は大塩の再挙を待った。

が、ついに同年三月二十六日靭油掛町美吉屋五郎兵衛の隠居所に潜伏中を発見され、包囲のうちに、自ら火を放って焼死した。

が、焼死体の人相がよく分らなかったので、彼が薩摩か奥州に潜ったという噂が流れた。それほどに大塩の乱は人々の心を打ったのである。

彼は、大坂町奉行所の与力にすぎなかったが、剛直果敢で、奉行でも手をつけない要路の犯罪を次々と摘発したり、その蔵金三千両を貧民の救済に当てたり、能吏としての名声は高かった。

また、陽明学の大家で、中斎と号し、学者として彼を慕う者はきわめて多かった。彼の挙兵は、暴挙という評価は当らない。まさに、文字通り義人らしい最期であったといえる。敗れるを知って、なお起さなければならなかった義挙というべきであろう。

三井、鴻池や町奉行所は、それまでの大塩の貧民救済の情熱を売名行為と目して、相手にしようとせず、ついにこの難を招いたのである。

大塩の人となり

名与力であり、学者として高名な大塩平八郎が、天下の台所である繁盛をきわめる大坂で、突如兵をあげたのは、二百年うち続く泰平に慣れた当時としては、まさしく青天の霹靂であった。

それも挙兵の趣旨が「万民救済」のためであったから、世人に大きな衝撃をあたえたのである。

大塩平八郎については、諸説があるが、寛政五年の生れで、父は平八郎敬高という。

父母を七歳の時うしない、祖父政之丞成余の手もとで育てられた。

大塩家は、天満橋筋長柄町を東へ入って南側にあった。

平八郎は、十五歳のときか、二十歳のとき江戸へ出て林述斎《はやしじゅっさい》（儒学者）の門に入ったという説が広く伝わっていたが、実際は独学であったという説もある。

二十六歳のとき、祖父が死に、文政元年六月大坂町奉行所番代を命ぜられた。

平八郎は、数多くの難事件を解決して、名声はとどろいた。

学者としても、彼の門に慕い集まる者は数知れなかった。

しかし、天保元年、町奉行高井山城守が辞職すると、彼はその恩義を思って、名声に包まれた役人の地位を惜しげもなく捨てて野に下った。

挙兵の動機

この時代の庶民、百姓の困苦は、言語に絶した。しかし、上役人はこれを救う策を立てず、百姓には、さらに過重な用金を要求した。

しかも、江戸へは廻米《かいまい》しながら、京都へはこれを差し止めた。

その上、わずか五升や一斗の米を小売しようと大坂へ下る者を捕えて投獄するありさまであった。

一方富商は、大名へ金銀を貸しつけて、家老要人格におさまり、利息のほかに莫大な扶持をとり、しかも自分では田畑新田を多く所有している。

役人は、彼らの饗応にはあずかるが、彼らにすすめて、困窮している庶民、百姓に、金銀、米などをほどこすことをさせようとはしない。

そのくせ、堂島の米相場では、大きく取引をしている。

豪商は、民の窮乏、餓死を横目に見て、美服を飾り、酒食にふけり、女色に溺れ、蔵屋敷の役人とともに、揚屋茶屋で、宴遊をほしいままにしている。

このような状勢を見ていては、もはや坐して、読書ばかりしてはおれない。もはや、堪忍袋の緒も切れた。

やむなく、天下のため、血族がたとえ禍を受くるとも、立って、下民を苦しめる諸役人を誅伐し、おごり高ぶる金持の商人どもも誅殺し、彼らが貯えている金銀、蔵屋敷へかくしている米俵を奪い、分かち配当する。

というのが、大塩平八郎の決起の趣旨であった。

判決書には、彼らは大坂城を焼討し、摂州甲山に退いて時機をうかがって大義を成就する企てがあったと記しているが、挙兵の規模から見て、そのような持久戦に持ちこむ余力は全くなかったのではなかろうか？

後世の大塩挙兵の評価

森鷗外は『大塩平八郎』の附録の部分に次のような批評を加えている。

「若し平八郎が、人に貴賤貧富の別のあるのは自然の結果だから、成行のままに放任するが好いと、個人主義的に考えたら、暴動は起さなかっただろう。

若し平八郎が、国家なり、自治団体なりにたよって、当時の秩序を維持していながら、救済の方法を講ずることが出来たら、彼は一種の社会政策を立てただろう。幕府のために謀ることは、平八郎風情には不可能でも、また徳川氏の手に帰せぬ前から、自治団体として幾分の発展を遂げていた大坂に、平八郎の手腕を揮《ふる》わせる余地があったら、暴動は起らなかったろう。

この二つの道が塞がっていたので、平八郎は当時の秩序を破壊して望《のぞみ》を達しようとした。平八郎の思想は未だ覚醒せざる社会主義である。（略）

平八郎は極言すれば米屋こわしの雄である。天明に於いても、天保に於いても、米屋こわしは大坂から始まった。平八郎が大坂の人であるのは、決して偶然ではない。

平八郎は哲学者である。しかしその良知の哲学からは、頼もしい社会政策も生まれず、恐しい社会主義も出なかったのである」

大塩に社会主義的傾向を見ながら、結局は哲学者であるから、打ちこわしだけで終って、社会主義まで発展できなかったと見ている。

しかし、佐野学は「日本史」の中ではっきり大塩を社会主義者の先駆と見て同志あつかいしている。

「明治維新に先だつこと約三十年、（中略）大坂に於て被搾取民衆のために叛旗を飜して虐政者と暴政者に抗し、破れて身を殺した義人がある。これは大塩平八郎である。彼の名は日本歴史を通じて最も輝ける名の一つである。彼の叛乱は地主勢力に反抗するブルジョア階級のための民主主義運動にあらずして、搾取され虐待される労働民衆のためにする先駆的運動であった。その掲げた理論は時代と社会組織の異れるために吾々のそれと異なることは勿論であるが、しかも彼の熱烈な民衆精神犠牲的精神、行動的精神は不朽の光りを放つてゐる」

文学者としての森鷗外、社会主義者としての佐野学が、それぞれの思想の上に立って、大塩を判断しているのは、それなりに興味深いものがある。

終りに、大塩平八郎が、火の中で自殺せず、実は、生きて、ヨーロッパに逃亡していたという怪説があるので、紹介しておこう。

「史論第二号」（明治二十六年発刊）に奥並継という人物が「大塩平八郎欧州に失踪す」と題した文章を発表し、世間を驚かせたことがある。その中に秋篠昭足という蘭医がその娘に語り遺したという話が書かれている。

大塩が兵をあげて、敗れた後、どうしたかについて、次のように語っている。

「（略）かねて用意したりける大塩乳母の里、河内の国更砂形屋五郎左衛門の家に退き、一時土あな中に潜伏し、大塩父子及び翁（秋篠をさす）は其他四人と海に航して、肥後国天草五陵村長岡氏（秋篠の妻の実家）に投ぜり。あとに残りたる十余人はその穴中に潜匿して世の動静をうかがひしに、彼の新左衛門、五郎左衛門の大塩家に由緒あるを知ることとなれば（中略）同心等を率いて更砂形屋へ寄来り、家中隈なく捜査すれども更に他の人影だに見えず、よつて同家を取毀しにかかりたる時、潜伏の者共、もはやこれまでなりとて、あなぐらに備へありたる（略）七門の大砲を一時に発射せしゆゑ即ち右、吉見新左衛門外七人討ち入り。又あなぐら中の潜伏者も家屋とともに焼死せし由にて、鎮火の後、あなぐら中焼死者は皆その相貌明かならず。中に就て、大塩家定紋付の脛当《すねあて》焼燼の中に在りけるに依て、大塩父子焼死すとて局を終れり。さて、天草にありては七名の者縁にしたがつて一時薩摩にも赴きたれども、久しく潜伏し難ければ、遂に清国福州地方へ渡航し、おること歳余にして大塩父子は一名を従へ、欧州へ航せしよりその行く所を知らず、翁及び四名は清国におること四年にして長崎に還れり。」（秋篠翁は明治十年大阪にて病没したとある）

この説には何の証拠もなく、義経ジンギス汗説や西郷隆盛のロシア逃亡説などと同様に英雄にまつわる作り話として、まもなく世人は忘れ去った。

三　剣法家と暗殺事件

剣一筋で世を渡る剣法家には、当然のことながら恨みを受けることも多く、また、剣の上の意地からも命を狙われることは多かった。

だまし討ちや卑怯な手段で暗殺された者も古来少なくはなかった。

室町末期には、時の剣聖とうたわれた斎藤伝鬼坊が、真壁暗夜軒の恨みを受けて、おびき出され、突如矢を射かけられて暗殺されている。

後述する井上伝兵衛も、江戸時代屈指の剣豪だったが、暗夜不意討ちで、暗殺されている。

一瞬の油断と不用意から、剣の達人でも不覚にも暗殺されることもあったが、また、日ごろの心の備えで、みごとに切り抜けて、刺客を倒した例もまた少なくはない。

以下にそのいくつかを挙げておこう。

柳生十兵衛三厳隠密説と暗殺未遂事件

柳生十兵衛三厳が、隠密であったという説は、はたして本当だろうか？

十兵衛が父からついだ所領は八千三百石、弟の宗冬が四千石、末弟の出家した六郎に二百石を分けている。

十兵衛は、十三歳のとき、家光の小姓になったが、二十一歳のときお役御免になっている。その原因は目に余る乱暴を働いたためだとかいろいろ言われているが、真相は明らかでない。以後十二年間公の生活がなかったので、この間に隠密として諸国に潜伏したという説が生れてくるのである。江戸後期には、『柳荒美談《りゅうこう》』などに書かれて、かなり流布されたのである。乱暴を働いてお役御免になったのも、そのために仕組んだ狂言だというのである。

が、彼自身は自ら書いた『月之抄』に、柳生谷にこもって、兵法の修行にはげんだと書いている。

しかしこう書いたのは、隠密生活を糊塗するためだという推測まで現れて、十兵衛の話をあくまで面白くしようという作家も出てくるわけである。

ウソかマコトかは分らないが、当時の政治情勢から考えると、あながち否定できないものがある。

十兵衛隠密説が巷間に流布された原因は、家光の政策にあった。

家光は、治世のはじめに、それまでの大小藩の外様、譜代を区別して待遇してきた旧例を一掃して、みな同一に家臣扱いに改め、参勤交代の制を布《し》いた。

しかし、表面は従っていても、内心は徳川に異心を抱く者もあろうという強い猜疑心から、間者を各藩に送りこんだのである。十兵衛もその中の一人に加えられていたというのである。

柳生三厳（やぎゅう　みつよし）一六〇七―一六五〇
江戸前期の剣術家、旗本。江戸柳生二代目当主。通称・柳生十兵衛。徳川家光の小姓として出仕し、剣術指南を務めるが、後に解任。諸国を歩き、柳生の里で新陰流の研究に没頭。剣術の腕では父をしのぐといわれ、父の死で家督を継ぐ。弟たちへの分知したため、一万石の大名にはなれず、八千三百石の旗本であった。領内で鷹狩りに出かけた先で急死。

家光の側近から遠ざけられた後の、全く空白になっている十数年間が、間者として潜行していた時期と見られないこともない。

とにかく、父柳生但馬守《たじまのかみ》をしのぐ腕といわれた彼の剣技が、家光から間者として適格の印をおされたのかもしれない。

しかし、これはあくまで推測であって、何の証拠も残されていない。

そのための暗殺か？　それとも剣の上で恨みを買ったのか？　それとも夜盗が彼を狙ったのか、次のような事件があった。

十兵衛は、若いころ夜修行するのを好んだ。ある夜、一人だけで、京都粟田口を通っていると、数十人の男に囲まれた。みな抜刀している。

十兵衛は、静かに羽織をぬいだ。刺客たちは、十兵衛が戦意を失ったのだと考えて、近よってきた。

その一人を十兵衛は抜く手も見せず斬り倒した。

「おのれ、抜いたな。油断するな」

怒った刺客たちは、いっせいに斬りかかった。十兵衛は、進んでは斬り、退いては斬り、四方に走りまわって奮戦したが、またたくまに十二人斬り殺され、残る者は、「引け、引け」と叫びながら逃走したという。

剣聖伊藤一刀斎暗殺未遂

江戸初期の剣聖といわれた**伊藤一刀斎**は、九十四歳で承応二年（一六五三）六月下総、あるいは丹波で没したという。

一刀斎が、世を捨てた原因として伝えられている話は、こうである。

当時、一刀斎は鎌倉に住んでいた。他流の者が、一刀斎の名声をねたんで、一刀斎の妾を引きこみ、これをそそのかして、ある夜酒をしたたかに飲ませ、酔いつぶして、寝かせた。

その夜、多数の怪漢が侵入して、一刀斎を暗殺しようと謀ったのである。一刀斎は、

伊藤一刀斎（いとう　いっとうさい）一五六〇？—一六五三？
戦国時代～江戸初期の剣客。現代剣道にもつながる一刀流の祖で剣聖と称えられた。その出生や経歴は謎が多く、流人の子として伊豆大島で育つ。冨田流の冨田一放や新当流の古藤田俊直と立ち会って破ったといわれる。中条流の達人・鐘捲自斎の弟子となるが、数年で師を越えたという。諸国を遍歴し、三十三度の勝負で、一度も敗れなかったと伝わる。

日ごろは、用心深く、刀を蚊帳の裾につつんで、寝るくらいの男であったが、この夜ばかりは、殺気を感じて目をさましたときは、すでに妾が彼の刀を奪いさったあとであった。そのため、刺客たちに素手で立ち向わなければならなかった。

危うく一人の敵の刀を引きはずし、のめる刺客を背後から突き倒した。

暗闇の中で、倒れかかった男をもう一人の刺客は、一刀斎と思って斬りつけた。この男もかわして背後から突き倒し、その刀を奪って、斬りぬけて逃れた。一刀斎は、高弟の神子上典膳《みこがみてんぜん》にこの時の剣法を伝え、自分の失態を恥じて行方をくらましたという。

この伊藤一刀斎が、自分よりも実力が上と思われる弟子を高弟とともに、おびき出して暗殺した事件がある。事のいきさつはこうである。

当時、伊藤一刀斎を招いて、その剣技を見た徳川家康は、感嘆して、一刀斎に対して、ぜひ仕官して、指南してくれとすすめた。ぜひ二代将軍秀忠の師範役にと望まれたわけである。が、一刀斎には、仕官して、世俗的な立身や栄華をのぞむ気持は、さらさらなかった。

しかし、家康の切望も無下にしりぞけかねる。そこで、

「私は、すでに老いて、お役もつとめかねます。私の門人の神子上典膳は、私に勝る

とも劣らない剣客ですから御推挙いたします」

とすすめた。このことを聞いた高弟善鬼《ぜんき》（小野善鬼）は激怒した。自分は、一刀斎の最初の弟子である。技倆も、決して典膳に劣るとは思えない。怒りと嫉妬で師に対する怨恨の鬼となった。

善鬼は一刀斎に向って、憤然と直接抗議した。

「なぜ、実力随一の私を御指南役に推挙しなかったのですか」

彼は、一刀斎の説得に耳もかさず、執拗に食いさがった。一刀斎は、あまりの執拗さに、この上の説得は無益と知って、

「それなら、その方、神子上と立ち合ってみよ。勝利を得た方へ極意皆伝を許した上、

小野善鬼（おの　ぜんき）?——一五九二

戦国時代の剣客。伊藤一刀斎に師事した。後に将軍家指南役となった神子上典膳（小野忠明）の兄弟子。生年不詳で、元は利根川の船頭をしていたという。一刀斎と諸国を廻り、師に挑む者の相手を務めた。剣の腕は典膳と互角であったものの、善鬼は教養もなく、粗野。一刀流の奥義秘伝書をかけ、典膳と下総国小金ヶ原で決闘し、敗れて命を落とす。

仕官も推挙しよう」

善鬼はよろこんだ。彼には自信がある。神子上典膳に負けるとは思われない。ところがこれが一刀斎の策謀だった。一刀斎は、邪剣の善鬼が、一刀流の後継者になることをよろこばなかったのである。

善鬼の剣技が、いかにすぐれていようとも、神子上典膳と自分が力を合せれば、必ず討ち果せよう。この際、人なき場所を選び、そこに誘い出して将来の禍根を絶とうと決意したのである。

場所は、総州小金ヶ原と定めた。

一刀斎は、神子上典膳に、南青江下阪という二尺三寸の名刀をあたえた。これは一刀斎が「瓶割《かめわり》」と名づけたわざものである。

ところが、いざ刀を抜き合せてみて善鬼は、驚いた。一刀斎は、勝負の公平な立ち合い者ではなく、まるで、神子上の助太刀同様の動きをする。

二人がかりでは勝てようはずがない。「卑怯な！　それほどおれが憎いか」と怒り、わめき叫んだが、二人は決して手をゆるめない。

ついに善鬼は、斬り伏せられて、怨みを残しながら息を引きとった。

二人は、善鬼の遺体をそこに埋めて、松一本を植え、善鬼松と名づけた。以来、善鬼のあとをとむらうつもりか、一刀斎は、仏道に入って、諸国の霊場を遍歴したという。いつ没したかは、裏づける資料がない。

一説には、一刀斎が、善鬼に邪心のあるのを知って、極意を許さなかったので、善鬼はすきをうかがい、一巻をうばって逃げさった。一刀斎と典膳はこれを追いかけて、善鬼が、大きな瓶の中にかくれた。それを知った一刀斎は、これまで三十三度の試合に用いた「瓶割の名刀」を典膳にさずけて、瓶とともに断ち切らせた。善鬼は瓶ごとみごとに斬られたが、眼をかっとひらき、口から一巻をはなさない。一刀斎は、善鬼に向って、

「典膳にこの一巻をあたえよ。典膳には、その方の小野姓をつがせる」

といいきかせると、善鬼ははじめて一巻を口よりはなして、瞑目したという。

以来、神子上典膳は、小野次郎右衛門と姓を変え、瓶割の名刀は、小野家累代の秘宝となったという。

しかし、小野は、典膳の母の生家の姓だという説もある。

典膳の祖先は、伊勢の人。また信州の人、あるいは大和十市氏の子孫であるともいう。のち上総に移って夷隅郡丸山町神子上に住み、郷士となり、里見氏に仕えていた。

一刀斎が、たまたま上総にきたとき、その旅宿におもむいて試合をいどんだ。が、一

刀のもとに打ちこまれて、敬服して、弟子となった。

典膳はそれまで三神流の使い手だったという。一刀斎に従って、諸国を武者修行し、剣技進んで、人格もかねそなわり、一刀斎に見こまれて、奥儀をあたえられ、推挙されて、徳川家指南役になったのである。

剣客井上伝兵衛の暗殺

剣客で横死した人も少なくはないが、**井上伝兵衛**は、闇討にあって殺されたことで忘れられない人物だ。

この闇討が、後に名高い護持院ヶ原の仇討に発展するのである。

井上伝兵衛は、藤川派一刀流の三羽烏の一人で、名手といわれ、天保年間に名を売った剣客であった。各派の道場を荒らしまわった島田虎之助が、車坂の井上道場にきて、井上に立ち合いさんざんに打ちすえられた話は有名である。

彼は、もともと下谷御徒町に住んでいた幕府の御徒であった。が、従兄弟の子供を養子にして、これに御徒の株をゆずり、自分は下谷車坂町に道場をかまえて、名を玄斎と変え、門弟を教えた。

実力は抜群であったので、入門者は殺到し、道場は繁昌した。男谷精一郎、伊庭軍兵衛らと親交を結び、諸大名の屋敷に出入りし、名声とどろいていた。

が、天保九年（一八三八）十二月二十三日の夜、駿河台の某の屋敷に茶会が催されて、その帰途闇討にあって、横死をとげた。五十二歳であった。

刺客は、井上の門弟で、本荘茂平次という者だったが、それが判明するまでには、時間がかかった。

本荘茂平次は、町奉行鳥居甲斐守の寵臣であった。鳥居は、井上について剣を学んでいたのである。茂平次も、鳥居にしたがって、井上に剣を学んだ。

鳥居は、水野越前守の腹心であったが、権謀術数を用いる男で、媚びる者は近づけ、したがわない者は遠ざけ、あるいは無実の罪をデッチ上げ、投獄し、これを殺すなど、

井上伝兵衛（いのうえ　でんべえ）一七八六?—一八三八
　江戸後期の幕臣、剣客。伊予松山の武士で、江戸に出て西丸御徒となり、直心影流の赤石学祐（郡司兵衛）に師事する。上野車坂下町に道場を構え、直心影流藤川派の三羽烏と呼ばれた。後に天下三剣士の一人と称された若き島田虎之助を打ち据えたことでも有名。茶会帰りの酔ったところを、鳥居耀蔵配下の本庄（本荘）茂平次ら四名により暗殺される。

職権を濫用して、目にあまる行為が多かった。

鳥居は、何ごとか悪事をたくらんで、井上を利用しようとして、茂平次に説得させた。が、井上は、権勢にこびず、世俗の出世や栄華を願わない男なので、逆にその非を責めて、茂平次を強く面責した。

茂平次は、そのとき、表面は、改悛した風をよそおい、腹の底では、計画が、井上の口からもれるのを恐れて、暗殺を決行したのである。

後に茂平次が、白状したところによると、茂平次が、井上に金貸しをすることをすすめ、自分が間に入って利を占めようと図ったが、井上は、

「武士にあるまじき卑劣な心だ」

と罵ったので、殺意を生じて、暗殺したといいたてているが、真相は、その程度のことではなく、鳥居から頼まれた密謀が、発覚しないように、茂平次が虚偽を申し立てたのだという。

その夜は、氷雨が降りしきり、伝兵衛は、片手に傘をさし、片手に拝領した茶器の箱と手提灯をさげ、昌平橋を渡り、御成道に入り石川の屋敷近くにさしかかった。

突如、ものかげから声もかけず白刃がひらめき、肩先を斬りつけられた。伝兵衛が傘をすて、腰の刀を抜いてふりむく一瞬を、脇腹を深く突き刺して、刺客は逃げ去っ

てしまった。

伝兵衛が両手にものを持ち、しかも大事なものを抱えて、それに気をとられていたのが、不覚の原因になった。が、剛気の伝兵衛は、立ち上がって、刀を杖にして、よろめきながら近くの自身番屋にたどりつき、

「おれは、車坂の井上伝兵衛だ。曲者に不意をおそわれて、不覚をとった」

といったまま倒れて、絶息した。

翌日は、大騒ぎになったが、茂平次はそ知らぬ顔で、菓子折をたずさえて、井上家を訪れ、いかにも驚愕した風をよそおい、死体にとりついて、涙を流し、仇が知れないのを残念がり、歯をくいしばり、腕をさすって、取りかたづけから一切の世話をしたので、疑う者は一人もいなかったという。

弘化三年（一八四六）五月、その罪が発覚して、世に知られた護持院ヶ原の仇討が実現したのである。

仇討については本書の本筋ではないので、割愛する。

ただどのような達人でも、一瞬の油断が、命とりになるので、四六時中、敵の襲撃を予想して、進退しなければならない。

剣客の心がまえは常に厳しさが要求される。

第二部　幕末編

第一章　幕末の攘夷テロ

屈辱外交

黒船が、浦賀に来寇《らいこう》して以来の江戸は、いつ黒船の艦隊に襲撃されるか、日本よりはるかに強い紅毛碧眼の列強が、攻め込んでくるかと、戦々兢々としていた。

各藩の若い青年たちが、藩や幕府恃《たの》むに足らずとして、立ち上がりはじめたのも、そのためであった。

ことに、井伊に至る代々の閣老が、その圧迫にやすやすとして従って、屈従政策を取ったことが、若い侍たちの怒りを刺激した。

嘉永六年ペリーの来航以来、欧米列国は、次々と艦隊をひきいて来寇し、幕府に対し、開港、通商条約の締結を求めたのである。

その時は、すでに、列国がインドを掠《かす》め、清国を阿片戦争で侵略し、さらに東洋諸国を、まるでハイエナの群れのように、奪いあい、むしり取って、次々と植民地に化しているという情報は、手にとるように伝えられていた。

ましで、二百年来、鎖国政策を厳守して、外夷を一歩も近づけなかった幕政である。閣老は、連日額を寄せ集めて協議したが、二百年の経過は、世界情勢を大きく変えていることは、彼らにも分った。

巨大国と信じていた清国を無残に侵略した列強の武力と、見たこともない黒船の強力な装備は、幕府をおびやかした。

「一戦を交えて、打ちはらうべきか」

「いや、そのように簡単にいく相手ではない。暴勇は匹夫《ひっぷ》のすること。現実を直視するならそのような軽躁な論は、吐けぬと思いますが」

「では、鎖国政策を堅持するのか」

「さあ、それも……」

いずれも、民族の存立と国の独立をかけた議論だけに、容易に定まらなかった。

安政元年（嘉永七年）一月十六日、ペリーは浦賀に、再び黒船をひきいてやってきた。

通商の催促である。彼は強硬な態度で、幕府の答書を促した。

幕府としては、この危機は、一日延しに引き延すよりほかにない。

弱気になった幕府は、いままで京都の御口入無用としていた政策を改めて、今度の事件に限り、京都所司代を通じて、奏聞《そうもん》した。

このことが、幕府くみし易しと見て、朝廷と尊王諸藩、軽輩士族の暗躍をかき立てる結果になった。

天皇も驚き、七社七ケ寺へ御祈願の勅諚を下し、幕府でも、日光、芝増上寺、日枝山王、神田明神と他の寺社で、さかんに祈願をはじめた。

その時、江戸市民はこれを嘲笑って、

　神国はむかしの事よ千早ふる
　　神や仏に俄《にわか》つゝいしやう

と歌った。

が、とにかく、幕府はペリーへの回答を明年春長崎において行うからと返答をして、帰ってもらうところまでこぎつけたのである。

　あめりかがはやく帰つてよかつたねへ
　　また来るまではすこしおありだ

と皮肉な江戸市民は、幕府のこの醜態をまた笑った。

つづいて、二ケ月後、ハリスは米国公使となって来日し、下田に碇泊し、了仙寺に宿をとって、強硬な要求をくり返した。

この時の幕閣の狼狽と弱気は、見苦しい限りであった。

ハリスが、下田の芸妓お吉という女を見初めたと知ると、これを洋妾《ようしょう》として取り持って、機嫌をとり結んだ。

日本人の昔も今も変らぬ悪いくせである。力あるものに対しては、あの手この手を用いて、歓待して、これを買収しようとする。

日本人の心の底には、汚職性がある。

封建制の長かったせいもあって、徹底した卑屈な宮仕え根性は、民主主義下の個に目ざめた国民のものとはいい難い。

日本人は、政治家の汚職ばかり責めるが、実は、自分の意識下に、そのさもしさを充分に包蔵しているのであって、位置を変えれば、自分もまたおなじことをするに違いないのである。

まず、他人を責める前に、自己を恥ずべきであろう。

この卑屈な根性を絶たない限り、汚職も、外人に対する熱狂的な崇拝の醜い現象も去ることはないであろう。

「高橋是清伝」には、こういうことが書いてある。

彼は、少年時代（慶応年間）横浜居留地の西洋人館に雇われていた。

そのころ洋妾が、しきりに居留地をわが物顔に、横行闊歩していた。

それに対して、他の多くの日本人が面白くない。

そこで、高橋は、夜になると通行する洋妾を見つけては、悪戯妨害して、手を打って歓んだという。

これは彼だけでなく、多くの人間が洋妾を憎んで悪戯したという。

「らしゃめんどもが、仰天して逃げて行くのを見て、手をたたいて笑った」と書いてある。

どういう悪戯をしたのか？

少年たちは、洋妾の前に立って提灯をもっている婆さんを突きとばして、火を消し、真っ暗になったのに乗じて襲いかかり、洋妾のかんざしを引き抜いては棄てる。

洋妾は、殺されるのではないかと思って逃げ出して行くのだ。

この頃の洋妾は、らしゃめん研究家の中里機庵氏によると、芸妓上がりではなく、一般の町家や家庭の娘で、外人がいうムスメガールだった。

というのは、洋妾界に革命が起こって、元治慶応の初め頃までに、遊廓らしゃめんが淘汰されてしまったからだという。

これを見ると、第二次大戦終了後の日本の姿をほうふつと思い出す。日本の娘たちが、外人兵にぶらさがって、我が物顔に、街をおし通っていた。そのなかには、パンパンもいたが、上流家庭夫人や一般の家庭の娘たちも、鼻高々と彼らとつきあい、カタコトの英語をしゃべり散らし、多くの情痴事件を起した。海の向うまでついて行って、捨てられた女優までいた。

ペリーに代って来日した米国公使ハリスの強硬な威嚇的要求に狼狽した幕府は、ついに、ハリスとの間に和親条約を締結した。

さらに通商五市の条約草案までつくり、その条約締結の約束までしたのである。

その草案の中には……、

「下田、箱館の他に、神奈川、長崎、新潟、兵庫を開き、神奈川の開港期限は、一八五九年七月四日、以下順次とする」

と、うたわれていた。

これが、明治の後までも、長く屈辱条約と呼ばれ、その改正のために苦心しなければならぬ原因になるのである。

ことに、その中で、日本人に対して、最も屈辱意識を味わわせたのは、治外法権の規定であった。

アメリカ人の居留を許す。

京都、大坂にも、商館を設ける。

そこまでは、よいとしても、

「日本人に対して、犯罪を犯したアメリカ人は、日本の役所で裁くことはできない。アメリカの裁判、法律で罰する」

という規定である。

この条約の実行も、一八五九年七月とされていた。

この年の九月十七日、露艦も、大坂に来航した。そして、十二月二十一日には、露使プチャーチンとの間に、和親条約が締結されるのである。

この際にも、下田、箱館（函館）、長崎の開港と、樺太は、両国の居留地と定めるなどのことが、約束させられた。

安政二年、三月十八日には、フランス軍艦が、翌十九日は、イギリス軍艦が、長崎に投錨した。

相つぐ列国の黒船来航は、日本中を、騒然と興奮のるつぼに化した。

開港か、鎖国かは、すでに幕閣の議論ではなくて、世論となったのである。

開港・攘夷は紙一重

従来の時代物作家は多く歴史上の事象に対し、皮相な見方しかしなかった。尊王攘夷派というと思想蒙昧な、頑迷固陋《ころう》の単純な分子ときめつけ、井伊が開港を行ったというので、井伊は先見の明がある、達識な進歩的政治家であると解釈する。

このように単純に、表面に現れた事象だけで、歴史を判断するなら、中学生、高校生にでもできることだ。批評家も物書きも存在の必要はない。

現代にあっても、現実の事象というのは、そのように単純な動き方をしていないはずだ。当時の反幕政治家や学者の多くは、開国の必要性を熟知していた。

最も先進的であった島津斉彬の薫陶を受けた西郷や大久保はもちろんであるし、吉田松陰は、佐久間象山を師として海外事情に目を開くことの必要を痛感し、鎖国の禁を破って、密航までしようとしたのである。

橋本左内などは、当時、はっきり開港論を主張している。しかし、この二人とも井伊の安政の大獄で斬首されている。これだけ見ても、井伊は、二人が処置しようのない攘夷家だから斬ったのではない。そのように書く作家の御都合主義の解釈は、歴史の正しい解明を歪めるものである。それほどまでに、当時の識者は、単純でもなく、頑迷固陋ではない。

水戸烈公にしろ、開港の必要なことは痛感していた。ただ、彼らは、開港の時期と外交のあり方、条約の内容を問題にしたのである。要は政治の問題である。開港が、彼らの主張通りの内容で行われていたら、彼らは眼の色を変えて、あれほど天朝の権力をもち出すようなことはしなかったであろう。

はじめは、幕政批判と反井伊問題であった開港問題を、倒幕運動、王政復古にまでエスカレートしてしまったのは、実に井伊の独裁的な、拙劣な強圧政治そのものだったのである。要は国家的、民族的危機感と意識が、朝廷と幕府の間に深まってきた対立・抗争に結びついて政治問題として、拡大していったのである。

浅薄な、物しり顔の作家は、現時点の人間を彼らより進歩的、開明的であると単純に思考し、当時の反幕志士たちは、開港の必要など意識していなかった。愚鈍で、蒙昧であると嘲嗤い、蔑視するが、思索の上からも、民族的危機に対処する姿勢と行動の上からも、現在の方が、はるかに劣り、鈍磨している。

当時の識者も、思想家も、志士も、おしよせる列強の野心と威嚇、挑戦の渦中に立って、深刻に悩み考え、日本を救い、列強と伍していく力を養うために、その時点、その時点において可能な限りの手をつくしてきたのである。

一応学問のある者の眼には、多少の差はあっても、開港して、国際社会にのり出すことが必要なくらいは分明のことであった。

争いの要点は、真の主権者である朝廷を立てることと、その裏にある真の意志は、開港条約を結ぶ時期・段階と、最も大事なものは、姿勢とその内容であった。井伊のやり方は余りにも隷属的であり、屈辱的であったのである。

第二章　大橋正順の挙兵計画と毒殺

尊王攘夷思想の鼓吹

大橋正順の妻ほど、夫への愛情を日ごと夜ごとうたいあげた女性は、他に見当らない。

『官武通記巻二』には、

「大橋正順の妻、巻子、民子の女なり。其志操男児に劣らず、夫の囚中籠居、著述を夢路日記といふ」

と記されている。

大橋正順は、号を訥庵《とつあん》と称し、幕末の尊攘志士たちに、きわめて大きな影響をあたえた学者である。

文久二年（一八六二）一月、水戸浪士たちは、上野の輪王寺の宮を擁して、筑波山に尊王攘夷の義兵をあげようと企てた。

その黒幕の一人に大橋訥庵がいた。彼はさかんに水戸浪士や尊攘の志士たちに、時勢を説き、志気を鼓吹《こすい》していた。

安藤信正、久世広周両閣老を刺し、宮を擁し日光に義兵をあげようというのだ。しかし、計画が大きいのでなかなか実行にふみ切るまでにはいかなかった。

なぜ、輪王寺の宮に志士たちは白羽の矢を立てたのか?

三代将軍家光の時、老中たちは、万一朝廷と事ある場合に備えるため、京都から宮を迎えて、上野東叡山に寛永寺を設立、その本場を輪王寺と称して、宮をそこにおいたのである。

東叡山は、比叡山に対照した呼び方で、江戸時代には、輪王寺の宮は大変な格式を持っていた。

輪王寺の宮の担ぎ出しの策は大橋訥庵が立てたという。当時訥庵の名声と人望ほど、尊攘浪士の間で高かった学者は少ない。

彼は名文家で、その文章は人の胸を強く打ち、感奮興起させずにはおかないものがあったので、時勢に志を寄せる者は、争ってこれを読んだという。

彼の計画と指導による決起であるから、水戸浪士だけでなく、諸藩の浪士も加盟し、長州藩士も少なからず動いた。

高杉晋作や伊藤俊輔（博文）も、さかんに向島の大橋塾へ出入りしていた一人である。

ところが、ついにその密謀が、幕府密偵につかまれ、大橋塾が、幕吏の襲うところとなった。大橋訥庵以下おもだった者が一網打尽になったのである。

しかし、大橋が首謀者ではない、大橋は門人が輪王寺の宮を擁して兵をあげようという計画を、時期尚早だと止めたのだという説もある。

とはいえ、他の門人たちが、

「安藤閣老を刺す必要があります。斬奸趣意書を先生に直していただきたいと思います」

大橋正順（おおはし　まさより）一八一六―一八六二

江戸後期の儒者、兵学者。通称・大橋訥庵《とつあん》。長沼流兵学者・清水赤城《しみずせきじょう》（俊蔵《しゅんぞう》）の四男として生まれる。儒学の大家・佐藤一斎に師事し、私塾・思誠塾を開いて儒学を教え、宇都宮藩に仕えて儒学の講義を行った。やがて激しい尊皇論者となり、幕府に攘夷を建言、公武合体にも異を唱える。倒幕を企て、坂下門外の変に関わって捕縛。出獄後、まもなく病死。

と依頼したので、その勇気と決死の精神をたたえて、これを添削したことは事実とされている。

他の門人たちが、

「一橋慶喜公を奉じて兵をあげたいと思いますが、先生に趣意書を書いていただきたい」

と頼んできたときも、名文の策書を書いてあたえている。

もちろん、彼は、生命にかかわる大事であることを百も承知でしたのであろう。

文久二年（一八六二）正月十二日、彼は幕吏におそわれて、投獄された。陰謀の首魁は大橋と断定した幕府役人の追及は激しかった。

一方、役人は、大橋の家を襲い、くまなく捜索した。妻巻子は、かねてから捜索のあることを覚悟して、密書その他機密書類をことごとく隠し、泰然自若として、

「私には何ごとも知らされていません」

と答えるだけで、他は一言も答えなかった。

役人たちは、ついにその気魄に圧倒されて、引き返した。

幽囚中、謎の他界

このとき、寒い獄中で苦しむ夫の身を思って巻子は、『夢路日記』の中に心境を書きつづったのである。

皇の御国を思ふ真心は
　天の恵みのなからましやは
世の人の音信たえし我宿を
　とふも嬉しき春の鶯
もろともに語りあかさんおりもがな
　いまの憂も昔にはして
君がため世のため思ふ武士の
　清き心は神ぞしるらむ
武蔵野に露と消え行く人よりも
　送るゝ袖のやるかたぞなき

いま読んでも、真情が身に迫り、涙の出るような歌である。

彼女の願い通り、この苦しみも昔語りになるような朗報が訪れた。

たまたま勅使大原重徳が東下し、大橋正順を赦すことを幕府に求めた。勅使にいわれては、さすがの幕府も動揺した。世論も、大橋に対する同情の声は高い。

七月七日、幕府は、獄を解き、宇都宮藩邸に幽閉した。

が、それから五日目、正順は急死するのである。発表は、病死であったが、事実は毒殺であったという。大橋のような影響力の強い反体制分子を、野に放っては危険だという意見が強かったことが考えられる。

いつの時代も変らぬ政治謀略の汚い手口で、一代の思想家大橋訥庵の命は消えた。巻子の袖に血の涙がしみとおったであろう。

第三章　清河八郎の愛妾お蓮の毒殺

お蓮と八郎のなれそめ

清河八郎の内縁の妻お蓮は、元遊女であった。清河が、旅の途中、一夜をともにして、ほれこみ、落籍して妻にして、生活をともにしたのである。

遊女といっても、きわめて貞節でまた聡明であったようだ。

清河の家は、当時尊攘浪士のたまり場で、清河はその指導者であり、大がかりな攘夷テロを計画していたが、八郎も同志もお蓮を信頼し切って、むしろ敬愛し頼りにしていた。

八郎は、当時の男性が、そうであった以上に、きわめて性に早熟であった。十四歳の四月の日記には、自ら、

「酒田に行き山王祭を観、始めて揚楼に上る」

と記している。十四歳で、娼婦と遊び、童貞を失ったことを大らかに書いている。

また、十七歳の冬の日記には、

「娼を酒田より招き、之を隣家登弥太に置く」

と、記している。

当時の性の観念と現在の性の意識を同日に論ずることはできないが、かなり性に対しては、奔放に、大胆にふるまっていたことがうかがえる。

故郷を出奔、全国放浪の途次、行く先々で、娼婦と遊んで、浩然の気を養ったとしても不思議はない。

八郎は残された肖像を見ても、面長の顔に、きりりと上がった濃い眉、切れ長の大きな瞳、ひきしまった唇という東北人独特の顔ながら、男らしい美男である。

おそらく女性にも、憧憬の目をよせられたに違いない風貌である。東北生れであるから、色も白く、きめ細やかかっただろう。

だが、一般の男性とは違う革命児特有の迫力と情熱にみちているので、なみの女には、近寄りがたい威厳と真剣さがあったかもしれない。

八郎と対等に話のできるのは、知性と教養にみちた娘であったようだ。武家の妻女でも、知性の低い女もいる。

その点お蓮は、遊女ではあったが、八郎の思想を理解し、その情熱と、その上なお八郎を男性として深く愛した女であった。

一度奈落の底に沈んだ女特有の自堕落なところは、みじんもなく、堅く節度を守り、折目ただしく、その上気品の中に、八郎や同志を温かく、優しくつつむ女であった。貞操観念も強く、八郎は、お蓮を生涯の妻と考え、それを両親に認めさせようと心を砕いた。八郎の心を察して、母親はお蓮に心のこもる手紙をしたためた。

お蓮は、感激して返事を書いた。

「このたびはありがたきおんふみおつかわしくだされ、みにあまるおんなさけ、おんこころづくし、かえすがえすもうれしく、ぞんじあげまいらせ候。わが身のことおたずねにあずかり候も、いまはあらわにもうしあげまじく、よきおりおめもじ、くわし

清河八郎（きよかわ　はちろう）一八三〇―一八六三

幕末の庄内藩郷士、尊皇攘夷派志士。江戸で古学の東条一堂、朱子学の安積艮斎に師事。昌平黌に学び、千葉周作の玄武館で北辰一刀流の剣を修めた。尊王攘夷・倒幕を掲げ、虎尾の会を結成、横浜外国人居留地の焼き討ちを行う。松平春嶽公に浪士組編成を建言、京で攘夷を主張して江戸に戻され、見廻組佐々木唯三郎により斬殺される。享年三十四。

くおはなしもうしあぐべくまいらせ候。
　にしきにもあやにもまさることのはを
　　うれしなみだのかわくまもなく」
（新人物往来社編『幕末のおんな』新人物往来社）

八郎の無礼人斬りとお蓮召捕り

その八郎が、つけ狙う幕府密偵に計られたのか？　通行中突如打ちかかる町人を無礼討に斬りすててしまった。

たちまち幕府の手が廻り、同志もお蓮も襲われて逮捕された。八郎は危うく虎口を脱して、他国へ逃げのび、尊攘運動を広げながら、同志たちの大赦運動を行った。

しかし、同志やお蓮に対する獄中の追及はきびしかった。

米国公使の通訳ヒュースケンを暗殺したのは、八郎のもとに出入りしていた同志の犯行であったし、計画中の横浜の外国人居留地の焼き討ちも役人はかぎつけていた。

当然拷問を交えた追及が連日行われた。

江戸時代の拷問は、封建時代の特色をあらわして、苛烈、残酷きわまりないものであった。

まず、手はじめは「笞打《むち》ち」であった。これも与力が指揮をとり、尋問役、書役、打ち役と三人の同心が立ちあった。これに下男と町医者がつきそった。

打つときは、むしろからおろして、しきつめた砂利の上に坐らせる。その上で、手錠と足枷《かせ》をはずす。それからあらなわで後ろ手にしばりあげた。この縄は、太さは一寸五分、長さは四尋《ひろ》あった。これで、両手首を肩の下まで引きあげてしめた。

こうすると、両肩の肉がもりあがる。打つときに、骨まで痛めない工夫である。下男はそのなわ尻をもって引きすえる。打ち役の同心が、箒尻をふり上げて、打ちすえる。この箒尻は、割れ竹二本を合わせて、麻のつるで包み、紙捻《こより》で巻いた強いものである。持所《もちどころ》へは白革を巻いた。

これを持って、力いっぱい打ちすえると、二、三十回目には、皮も肉も裂け、血がふき出す。すると、この傷口に砂をすりこんで血止めをする。その痛いことは、想像に余るものがある。その上をなお打ちつづける。被疑者は、ひいひいと泣きわめきながら、とうとう白状する者もいる。あるいは無実の罪を自白する者もいる。

失神してしまう者もいる。それを水をあびせて、よみがえらせ、また打ちつづける。しかし、白状しないと、百五、六十回までは打ちつづけたのである。

しかし、しぶとい悪党や、信念のある政治的抵抗者は、なかなか屈服しないので、次の段階として「石問い」にかけることになっていた。

これは、膝の上に、切り石の大きいのを次々と積んでいく方法である。まず被疑者を太い柱にくくりつけて、「そろばん板」という松材五本を三角形に削って並べ、三寸貫《ぬき》に打ちつけ、板の上に尻をまくって坐らせた。すると三角形の陵上に坐るので、脛に角が食いこむ。その上で、膝の上に、長さ三尺、幅一尺、厚さ三寸の伊豆石をのせるのである。その一枚の目方は、ざっと十一、二貫目、約四十五キロはあった。それを二枚、三枚と積みあげる。その積みかさねた石のはしへ、牢屋同心が手をかけ、

「申し上げろ！　さあ早く申し上げるのだ」

とゆするのである。こうすると、ついに肉は破れ、しまいには、骨にまで三角薪が食いこんでわれる。それも向うずねがやられるので、その痛さは言語を絶した。大ていのものは、このひとゆすりで悶絶してしまった。すると、手はず通り水をあたえ、薬をのませて、蘇生させる。定めで、三、四日はおかなければならないことになっていたが、まだ深い傷がなおっていない。三、四日後またこの責めをくりかえすというすさまじいものであった。医者は、石をとり除くことを命じ、気つけ薬をのませ、蘇生させる。殺してしまっては、もとも子もないからである。石で胸を圧迫することのないように、後ろ手に柱にしばりつけ、のけぞるように坐らせた。

これでもなお屈服しないものには、三番目の「海老責め」が加えられる。これは、被疑者にあぐらをかかせ、両足首から首へ縄をかけて、前の方へだんだんとしめよせるのである。ちょうど、鼻が尻の穴のところまで行くように締《し》めあげて責める方法である。

これは別名〝箱責め〟といった。効果をあげるために、吊ったまま箒尻で打ちすえることもあった。これのこわいのは、全身が、うっ血で赤くなり、ついで紫色から暗蒼色に、さらに蒼白に変化することとである。

呼吸困難がおこることはもちろんだが、ついには、口からも鼻からも血をふく。

この拷問は、有名な火付盗賊改《あらため》の中山勘解由《かげゆ》の発明であるという。元禄時代、役人という人種は、昔も戦前も、取りしらべ効果をあげるために、可能な限りの残酷な手段を工夫して用いたことに変わりはないが、この方法一つ見ても、恐ろしいことを考えつくものだと驚かざるを得ない。職業柄、被疑者を虐待し、苦しめているうちに、相手の生殺与奪《せいさつよだつ》の権力をもっている自分の力に、錯覚と陶酔をおぼえ、加虐症になっていくのではないか？　その傾向は、たしかにあるようだ。

四番目は、「釣責め」であった。手だけを縄でしばって、高所からつりさげる方法である。こうすると、身体全体の重みが手にかかるので、たまったものではない。縄が、手首を切り、そこに食いこむ。当然血行障害をおこす。しまいには、爪先から血がしたたりおちるというから凄まじい。

どんなにしぶとい盗賊でも、たいてい、いっぺんで、音をあげて、泥を吐いてしまうという。だから、苦痛からのがれるために、ウソの自白をする者も当然出てくるわけだ。

このような時代には、どれだけの無実の囚人がいて、罪をデッチ上げられ、佐渡や八丈島に流されて、狂い死にしたり、はりつけや火刑に処されて、命を失ったか計りしれない。

法定の拷問は、前述の四種類で牢内で行う牢問いと拷問蔵で行うものにわけた。通常拷問という名で呼ばれたものは、後者である。この中で、笞《むち》打ちと石抱きは、牢内の白州で行われた。海老責めと釣責めは、それに用いる道具などの関係もあって拷問蔵で行われるのである。順序としては、はじめに笞《むち》打ち、石抱き、海老責め、釣責めにすることが定められていた。

しかし、女に加える拷問の場合は、たて前としては、一応は、男より手加減をしなければならないことになっていた。

たとえば、「打ち」にかけられる場合、気絶をすれば必ず止めるのだが、実際は気絶をしていなくても、した風をするだけで、必ず止めなければならないというおきてがあった。また、精神異常の状態になると止めなければならなかった。

これを知っているしたたかな女は、両足をひろげて、陰部を役人にさらけだして見せる。これを見ると役人は、

「この女は取り乱している」

といって、拷問を止めなければならなかった。

また、吊し責めの時にも、役人に大小便をたれかける女がいる。すると、やはり即座に責めを中止しなければならない定めになっていた。しかし、これは一応のおきての上のことで、実際には、それが必ず守られたというわけではない。

女の被疑者に対しては、海千山千のすれっからしの小役人は、かえって、おもしろがって、猟奇的興味で、責めたり、なぶったりしたのである。それは、昭和の終戦にいたるまで、政治犯の女性被疑者に対する拷問が、実にハレンチな、猟奇的・加虐的な残酷なものであったことを見ても推定できる。拷問禁止の時代でも、実際には、これだけの残酷な、ハレンチな拷問が行われ、そのために自殺したり、発狂したりする者も相ついだのだから、拷問が法定化されて、まかり通っていた江戸時代では、かげで何が行われたかは、当然推定できるのである。

法定の拷問のほかにも、実際には各種の凄惨な拷問が行われた。たとえば、火箸や鉄棒を真っ赤に焼いて、ちょいちょいおしつける「火責め」、仰むけに寝かせておいて、頭の上に水を少しずつかけていく「水問い」という苦しい拷問もあった。

また、これとおなじ方法を糞便で行う「糞問い」などというひどいものもあった。仰むいた顔の上に、少しずつ糞便をかけられると、それが鼻の穴や口の中に入ってくる。しまいには、息もできなくなる。これは痛いよりも苦しいよりも、もっと激しいものだという。この拷問のために発狂した者は、少なくないということだ。慶長のころには、尿責《いばり》めという尿水を飲ます拷問があった。

女囚に対するもっともひどい拷問は「木馬《きんま》」であった。これは室町期からあったものだが、江戸時代も、法定外のものとして用いられた。木で馬の形をしたものを作り、その背中を両方からけずりあげて、峰のように尖らせ、下半身をむきだしにした女を上から吊して木馬の峰をまたがせる。すると、陰部が、ちょうどそこにふれて切れ、血がおびただしく流れ出る。それでも白状しないと、木馬を引っぱる。木馬には足に車がついているから、陰部の傷口は深く大きくなる。何百人もの女囚の血で、その峰は血に染まって真っ黒になっていたという。それだけでも、どんなにひどい責めであったか、一目瞭然であろう。木馬を傾けて、女をすべらせ深く裂くなどという無残なこともやった。

もっとも江戸時代も、役人は表面上は、拷問を恥じた。調べ上手の役人は、いまでいう誘導尋問やワナ尋問で、あるいは、おどしたりなだめたりするかく乱戦法で、被疑者を落としたものである。拷問をしたということは、それだけ自分の持つ技術のつたなさを示すことだからである。

お蓮の獄死は毒殺

しかし、お蓮は、八郎の大赦運動が功を奏するのを待たずに、庄内藩に移されて、その獄中で死んだ。

毒殺されたのである。自白をしない政治犯に手をやいて、獄中で消すのは当時の幕府の常套手段でもあった。とすれば、獄死したお蓮も八郎の同志たちの死も当時の特高の手にかかった暗殺であったともいえる。

このとき、庄内藩士で、取調べに当った松本十郎は、お蓮の態度と心境に感動して、次のように書いている。

「蓮女美にして婉（ものやわらか）、順にして事に驚かず。……捕えられて獄に繋がるといえども、端座して命を俟つ」

（新人物往来社編『幕末のおんな』〝お蓮〟小山松勝一郎、新人物往来社）

お蓮は、白州における取調べでも、また獄中でも、少しもたじろがず、乱れず、狂うこともなかった。

女としての美しさも、素直さも、失うことなく、静かに、天命の下るのを待っていた。

その心がけと覚悟は、心あるものの胸に、鮮明かつ、強烈な印象を残したのである。

しかし、小伝馬町の牢にいる時、何よりも必要なのは、命のつるの金子であった。入牢者は、牢名主にこれを献上しなければならない。牢名主は、この中から牢役人につけ届けもする。牢役人は美しいお蓮を苛め、残酷な虐待で、死に追いこもうとした。

それを知った池田徳太郎（清河塾同志）は、男牢で牢番を手なずけ、手を廻してお蓮に、金子を贈った。お蓮は徳太郎に深く感謝した。

「先日はご心配下され（金子を用立ててもらったこと）有難く何とも申し様もなく、またまた左様なること御頼み申し上げ候ては、定めし何とか思し召しも御座候やと、私、心に御察しおり候得ども、ご存じの通り、外にたより無き身の上にて、定めてご迷惑様とは心得ながら申し上げ候間、御さげすみのほどは御ゆるし下さるべく候。

私事も、入牢いたし候せつも、ご牢内へ土産ももち参らず、当惑いたし候ところ、徳太郎様よりいろいろご心配下され、そのおかげ様にて牢内も少々は楽にも相成り、今日までしのぎ居り候得ども、かねてご存じ様のことも御座候や、牢内は金子なければ、どうにもでき申さず候間、金子御無心申し上げたく……」

文久二年（一八六二）八月六日、獄中で、衰弱したお蓮は、当時流行した麻疹（はしか）にかかり、重態のまま藩邸の獄内に移されたが、医師の調合した薬を飲んで、七日明け六つに発見された時は、冷たくなっていた。

「蓮様のこと……養生中御屋敷へ御預り相成り候処、昨七日明け六つ時病死致され申し候。さて色々御取り扱い申上げ候詮も御座無く候。不憫至極に存じ奉り候。

明九日ご検使、御目付方御遣し候旨、御沙汰に御座候。

ご検使済みの後、取片付の儀、御達しこれ有るべく、其節は東禅寺（山谷にある）に仮葬いたし置き申すべく候間、その後の御取扱い向き、ご親類の方御登り成され候や、または何らか仰せ出だされ次第取り扱いをなし申すべく、まず以てさし当り候ところそれぞれ不都合これなきよう、取り計らい置き申し候。……」

役人伊藤小介は、右のように書いている。伊藤はまた寿命とはいいがたいと、はっきりお蓮が毒殺されたことを次のようにうったえている。

「素よりの寿命とも申し難く候うわさを申す事も御座候間、何とか追善御営み下されたきものに御座候」

お蓮の死は、もちろん麻疹の結果衰弱したものとして発表された。

しかし、

「役人が殺したのだ。毒殺だ」

という強い噂が流れた。八郎もそれを聞いた。

お蓮を殺されたと知った八郎の嘆きは深かった。彼は、次のように書いて、その悲痛な感情を吐露している。

「縁でこそあれ末かけて、約束固め身を固め、所帯固めて落ちついて、ああ嬉しやと思うたは、ほんの一日あらばこそ……」(新人物往来社『幕末のおんな』)

また、次のように詠んで、その愛恋の情を表している。

我が妹の縫うて置かれし膚のきぬ
　名をもとどめて懐にせん

第四章　伊東甲子太郎の暗殺

伊東の秀でた才能と勇気

慶応三年十月十四日のことである。当時伊東甲子太郎は、新撰組を二つに割る大物であった。

近藤と対立して、一党を率いて、隊を出、御陵衛士を拝命していた。が、実は、薩摩の中村半次郎と通じ、倒幕派に寝返っていたのである。

江戸に道場を開いていた剣客であったが、近藤が見こんで、わざわざ江戸まで行って引っぱり出してきたのである。

しかし、尊王攘夷の志が厚く、緻密な頭脳をもつインテリでもあった。

近藤の子飼いの隊士である藤堂平助までが伊東に心酔して、伊東の派閥についてしまった。伊東は、残されている肖像画を見ても、知性美あふれる好い男である。澄んだ知的な目、冴えた美貌の中に剣客らしい精悍な凛々しさが秘められている。一見、優男に見えるのだが、なかなかの人物であることが看取される。

短気で容赦なく隊員を叱り、冷厳一方に処罰する近藤に比べて、沈着冷静で、理解力をもって、相対する伊東は、みるまに隊内の信望を集めてしまったようである。

近藤は、伊東と違って佐幕攘夷である。ことに会津守護職配下ということもあって、薩長を奸賊として、憎悪することは、人後に落ちなかった。

伊東を江戸から説得して、引っ張り出す時に、近藤は、自分も、尊王攘夷の志は等しいくらいのことをいったのではあるまいか？

これが、後に隊内を二つに割る原因になる。

伊東は、大胆不敵にも、隊士のまま、尊王攘夷運動をはじめる。長州の赤根武人《たけと》を助けて、ひそかに長州に接近する。薩摩の富山弥兵衛が、新撰組に潜ろうとする時に、近藤は怪しいといって承知をしないのを、伊東は説得して、入隊させ、富山を通じて大久保一蔵（利通）に近づく。

近藤一派も、半ば公然の伊東の尊王運動を見ては、自然水と油になる。この頃、新撰組に対し、従来の数々の功労に対し、旗本に取り立てるという話が出た。

伊東の決意は、すでに尊王倒幕一本に固まっている。伊東は、またも大胆不敵に、近藤に対し、隊分離の意見を切り出す。

慶応二年九月二十六日のことであった。七条醒ケ井《さめがい》にある近藤の妾宅で、近藤と土方、伊東と伊東の腹心である篠原泰之進が、激論した。

双方殺気立って、激論数刻に及んだ。

近藤、土方は、あくまでも、分離を承知しない。伊東、篠原は、承知しなければ、その場で、近藤らを斬り捨てるつもりであった。

近藤らは、尊王の趣旨も解せず、徳川の成敗も知らずと、後日発表された篠原の『林親《しげちか》日記』は記している。

伊東は、主張した。

「われわれは、あくまで分離するのだ。隊を脱隊するのではない。自ら進んで薩長両

伊東甲子太郎（いとう　かしたろう）一八三五—一八六七

新選組参謀、御陵衛士の首領。常陸国志筑藩の郷目付・鈴木忠明の子で、水戸に遊学。神道無念流の剣術と、勤王思想の強い水戸学を修める。江戸で北辰一刀流・伊東道場に入門、道場主・伊東精一の跡目を継ぐ。同門の藤堂平助の仲介で新選組に参加。近藤、土方らと方針で対立し、御陵衛士（高台寺党）を結成する。近藤らに謀られ、七条油小路で斬殺。

藩と親交を結び、その機密を探って、新撰組の活動に役立てようと思うのである」

これは、明らかに策略であった。この辺りは、伊東が策士であったことを物語るものだ。小才をもてあそぶ男ではない。清河八郎とおなじく大型の策士だが、やはり策士策に敗るで、清河も、伊東も憤死している。

『林親日記』にも、近藤、土方は、

「唯一武道ヲ以テ人ヲ制スル而已、是ノ故ニ終ニ余ガ輩ノ術中ニ陥リ分離論ニ服ス」

と、その策略の勝利を謳っている。

慶応三年三月十日、伊東一派十五名は、伝奏《てんそう》の命により、光明天皇御陵衛士を拝命し、五条橋東詰長円寺へ移った。伊東の実弟鈴木三樹三郎初め、篠原泰之進、藤堂平助、新井忠雄、富山弥兵衛、服部武雄、毛内有之介、阿部十郎、斎藤一らの顔ぶれであった。

その翌々日、近藤一派は、みな旗本に列せられた。

この伊東一派の中に潜入していた斎藤一は近藤の腹心で、間者であった。伊東の方でも近藤派の中に、佐野七五三之助ら四人の間者を残してきた。

が、この四人は、旗本を受けることを拒んで、京都守護職へ嘆願書を出したために、近藤に計られて、暗殺されてしまう。

一方、斎藤は、伊東らが薩長としきりに連絡しながら、暗躍をつづけていることを逐一新撰組に報告していた。斎藤は、

「伊東一派は、局長を暗殺しようとしています」と、近藤に伝えた。

土方は激怒した。

「月真院の裏山に、大砲二門を据えつけて、上から砲撃し、門の南北にも、小銃隊を伏せて、夜襲をかけ、みな殺しにしてしまえ」

と、いきまくのを、近藤は抑えた。

「それでは、事が皇室に及び、事件が大きくなる。暗殺するに如《し》くはない」

ちょうど、そんな頃、中岡慎太郎の隠れ家をどこで突きとめたものか、伊東甲子太郎が突如訪れてきたのである。

坂本の暗殺を知っていた伊東

後の男爵船越衛（当時洋之助）は、温和会に出席して、次のように話している。

「慶応三年十月中旬、坂本竜馬、石川清之助（中岡の変名）が暗殺されたその前に、伊東甲子太郎は石川清之助の旅寓に行って石川に面会して、

『私は新撰組の一人であるが、貴殿を殺すという事になって居る。私が新撰組に居っ

て、貴殿にそういうことを言えば、或は嘘かと思うかも知れぬが、決して嘘ではない。新撰組は色々変遷して来て、今日では甚だ善くない事になっている。それで貴殿らは天下の名士であって、国家のために尽すということは承知しているので助けたい。今日私はその方針に向って天下の名士を助けようと思うから、どうか貴殿も私の言を用いて成るべく危険を避けて貰いたい』

というと、石川はこれを聞いて、これは自分の心を引きに来たのか、どういう趣意であるか分らぬから、一考して答えていうには

『その御厚意は忝《かたじ》けないが、私も天下の為に尽すのであって、身を惜むという考えはない。万一の事があれば、天なり命なり、決して私は志を変えるような事はせぬ』

と余程強く言って帰した。

その夕刻私共の所に石川が来て、

『今朝、伊東甲子太郎が来て、斯く斯くの事を言ったが、あれは必らず私を識るであろうかも知れぬから、暫く貴方の宿に潜伏しよう』

と云うことで、その夜は私の宿に泊りました。然るところ私は急に用事があって、国へ帰り、彼はまた自分の宿へ帰りました。それから私は十一月の末に上京しますと、坂本竜馬と石川清之助の両人が、此間《こないだ》暗殺されたという事を聞き驚きました。前に伊

東甲子太郎が忠告したのは、全く作意でない。それが事実であったのでございます」

（温和会速記録）

　この時坂本も共にいて、傲慢な態度であしらったという説もある。

　また、伊東は、坂本にも、別に忠告したが、さして気にもとめた風を見せないので、残念だと側近に語ったという説もある。

　それを裏書きするようなことが、田中光顕《みつあき》の談話の中に出てくる。

「彼が、かくの如き運動（薩長連合）を企てていたことは、佐幕派の間には、知れわたっていたらしい。見廻組、新撰組のものにしきりに、つけ狙われた。

『君は、危険だから、土州藩邸に入れ』

　伊東甲子太郎が、こうすすめたこともあったが、彼は聞き入れなかった。藩邸に入ると門限その他、万事窮屈の思いをせねばならない。自由奔放、闊達不羈の彼は、そういうことを好まなかったのである。

　で、やはり名をかえ藩邸の附近に宿をとっていた。のみならず、彼は、平生『王政維新の大業さえ成就したらこの一身、もとより吝《おし》む所にあらず、もう無用の身だ』といっていた」（『伊藤痴遊全集』17、81頁）

　いずれにしろ、幕府側が、坂本、中岡を狙っていたのは、いまに始まったことではない。幕府側が狙うとすると、刺客としては、清河八郎を江戸で暗殺して名をあげている佐々木唯三郎の率いる見廻組か、新撰組の争いということになる。

いずれが、この大物を倒すか、功名と面目をかけて、坂本の行方を追及していたことは想像に難くない。

二人が、一緒に伊東の忠告を受けたのか？　それとも別々に受けたのかは、さだかでない。

しかし、船越、田中二人の談話から、そのようなことがあったのは、事実だろう。伊東としては、新撰組幹部から尊王倒幕派に移るために、しきりに薩長両藩に連絡、運動をつづけていた時だから、土佐の坂本、中岡らの中心人物に、コネをつけ、恩を売っておこうくらいの下心はあったかも知れない。

この時もし、伊東の動静を見張るためにつけてあった近藤の密偵が、伊東を尾行して、中岡なり坂本なりの旅寓を突き止めていたとしたら、新撰組としては、まさに一石二鳥であったろう。新撰組にとっては仇敵同士が巧く会合してくれたということになる。

伊東を斬る口実もできるからである。

自分の腕を過信した伊東

この日、慶応三年十一月十八日……。

近藤勇は、伊東に当てて、ことさらに丁寧な手紙を書いて、使者を送った。七条醒ヶ井にある自分の妾宅までおこし願いたいというのである。

永倉新八の回顧談によると、

「以前から伊東に依頼されていた金が出来たから、お出でを乞う」

という口実であったという。一説では、別に用件は記していなかったともいう。

伊東の同志たちは、

「どうも臭い、近藤らは何かたくらんでいるに違いない。油断をすると危ない。行かない方がいいのではないでしょうか」

と、止めたが、伊東は、

「まさか、この俺を斬るようなことまで考えてはいまい」

と、笑って、一人で出かけて行った。ちょうど竜馬の暗殺された直後である。京の街はその噂でもち切りであった。

近藤の妾宅には、土方歳三、原田左之助の二人はもちろん、山崎烝、吉村貫一郎らが顔をそろえていた。

みな嬉しそうに、久闊《きゅうかつ》を叙し、酒肴をすすめて、

「伊東先生久しぶりでした。昔に戻って、私にも一献」

「私にも、ぜひお流れを」

と、代わる代わるすすめる。話はつきず、それから亥の刻すぎ（午後十時すぎ）まで飲みつづけたというから、伊東もすっかり心を許し、安心し切って、思わず深酔いしたことがうかがえる。

妾宅を辞し去る時は、全く酔歩蹌踉《そうろう》、足もとが定まらなかった。

月の明るい夜である。

寒気はきびしかった。

「駕籠を呼びましょうか」

というのを、

「いや、酔いをさましたいから、歩いて行く」

と断って、ふらりふらりと千鳥足で歩き出した。得意の竹生島の謡曲を朗々たる声で吟じていた。

そのまま木津橋を東に入り、南側に火事の焼跡を見、土橋の手前の草原にさしかかった。全く附近に人家はなく、草はぼうぼうと生い茂り、人影一つ見えない。

その時、焼跡の板囲いの間から、白い光が電光のように走った。槍の穂先である。伊東は、ちょうどその前を歩いていた。全く油断し切った心の虚をつかれた。その上、深酔いしている。

槍の穂先は、伊東の肩先から喉へ向けて、深々と一気に貫いた。どっと鮮血が、月明りにほとばしる。

「おのれ、計ったな」

穂先をつかんで、よろめくところをとび出した大石鍬次郎と勝蔵が斬りかかる。この勝蔵は、元は伊東の馬丁であったが、後に士分に取り立てられた男だ。

伊東は、さすがに一刀流の剣客である。抜打ちに、勝蔵を斬り倒した。

その時、五、六人が、抜刀したまま走りよってきた。しかし、伊東はすでに吹き飛ぶ血の中で、最後の力を失っていた。

東側によろよろと数歩歩いて、本光寺の門前にある碑の前の台石に、どっかと腰を下ろした。

「卑怯な、奸賊輩！」

叫んで、凄い眼で睨むと、そのまま絶命した。大石鍬次郎、宮川信吉、横倉甚五郎の三人が近寄り、左足に一太刀斬りつけたが、微動だもしない。

「それっ」

というので、手筈通り、遺体を担ぎ上げて七条の辻、油小路の十字路まで運び、棄てておいた。

油小路のだまし討ち

それから間もなく、油小路の町役人が、月真院の御陵衛士の営中に蒼くなってかけ込んで来た。

「御陵衛士隊長が、菊桐の提灯を持ちながら当町内に殺されております。ただいま番邏《ら》が番をしておりますが、すぐに死体を引きあげていただきたいと思います」

というのだ。

「伊東先生が殺られた」

「隊長が暗殺された。近藤一味の仕わざだ」

「先生の仇をとれ」

たちまち隊内は、憤りと驚きの声に包まれた。みな昂奮し、逆上した。

「どうするか?」

「落着け、落着け」

いいながら血相変えた隊の幹部たちが、集まって協議した。

伊東の弟鈴木三樹三郎、剣客として有名な服部武雄、毛内有之助、篠原泰之進、加納道之助、藤堂平助、富山弥兵衛らであった。

服部が口を開いた。

「死体を引きとりに行くのも、敵は新撰組にきまっているから、みな甲冑の用意をして行く方がよいと思う」

鈴木三樹三郎は、「いや新撰組が番をしていないのなら、暗殺は、彼らの仕わざと形に顕われていないことになる。彼らは面識の者である。この際は、隠忍して、こちらも表面礼をつくして受けとった方がよいであろう」

篠原泰之進は、

「相手は新撰組だ。しかも暗殺であるから、日頃の手口から考えて、我々をおびきよせて襲いかかるワナが仕組まれているかも知れない。とすると、相手は多勢、こちらは小勢だから勝敗は決まっている。しかし、甲冑を着て、路頭で討死にしたとあっては、後世卑怯のそしりを受けることであろう。常服で行くべきだと考える」

と主張した。ここで議一決し、上記の七名が代表として選ばれ、垂駕籠を持ち、人足二人小者岡本武兵衛を連れて、油小路にかけつけた。

周囲を見ると、凄然と静まり返って、人影一つない。物音も聞えず、鬼気迫る感じである。

十字路に、倒れている伊東の死体を見て、一同は駆け寄り、悲嘆してとり囲んだ。

「早く、駕籠に移そう」

という声に、血に染まった死骸をかつぎ入れようとした時、ひそんでいた新撰組隊士たちが、どっと喚いて物かげからおどり出した。

みな鎖を衣類の下に着し、一せいに抜刀して斬りかかる。人数は四十人以上に見えた。

原田と永倉は、近くの蕎麦屋を借りて隠れていたが、真っ先にとび出して斬りまくった。

が、衛士たちも、知られた使い手ぞろいである。ことに服部武雄は、京都浪士中随一の剣客といわれたほどであった。また藤堂平助は、かつて近藤に可愛がられた北辰一刀流の使い手で、場数も踏んでいる。

新撰組に取り囲まれると、直ちに、篠原と富山は組んで東手に当り、鈴木三樹三郎と加納道之助は西手、服部武雄と毛内有之助は、正面の敵と斬り結んだ。

藤堂は、周囲をとり囲まれ、全身十余ケ所の傷を受ける奮戦ぶりだった。永倉新八は、長いつきあいでもあり、かつては親しかったので、何とか脱《のが》れさせたいと思って道を開いたが、かつて藤堂に一方ならぬ世話になった三浦常次郎が、背後から斬ったため、一度逃げかけた藤堂は、激怒して、引き返し、猛然と斬り込んで、ついに東側の溝の中に斬り落されて、命を果てた。

最も勇壮だったのは、服部武雄で、彼の傍には、みなまともに近寄れなかった。民家の門柱を背にし、腰に馬乗り提灯を差し、三尺五寸の大刀を電光のような速さで使って、斬りまくった。しまいには両刀を抜いていた。

誰一人歯の立つ者はおらず、右に左にその両刀で斬り立てられた。

服部自身も、頭、額、肩、左右の脇に、二十余ケ所の傷を負い、淋漓《りんり》たる鮮血にまみれた。島田魁も斬りかかったが、逆に斬られ、岸島芳太郎も、斬られて負傷した。最後は、疲労困憊したところを、原田左之助が長槍を揮《ふる》って、ようやくに刺し殺した。

が、この時、原田も斬られて、傷を負った。

服部は大刀を握ったまま大の字になって斃れ、そのまま絶命したが、その顔付きは少しも平生と変っていなかったという。しかも、その懐から血に染まった詩文稿がはみ出していたという。

この他毛内有之助も斬殺され、他の者は血路を開いて、逃げのびた。

芹沢暗殺と同じ手口

伊東一派の暗殺は、新撰組の数多い暗殺ドラマの中でも、最も計画的、謀略的で、かつ効果的なテロであった。

この点、池田屋騒動などは、規模も大きく犠牲者の数も多かったが、偶然網にかかってきた情報にもとづいて、速戦即決で行ったものである。

それだけに、芹沢鴨一派の暗殺やこの伊東甲子太郎一派の暗殺は、何度も計画を練り、時機を虎視眈々と狙い、充分にワナを張りめぐらした上で、決行したものと見られる。

芹沢と伊東の暗殺劇は、極めて酷似した要素を持っている。

共に、隊内における近藤の大きな競争勢力であったことは、もちろんだが、芹沢をだまし討にした場合も、伊東をだまし討にした場合も、近藤一派が、相手を囲んで、「先生、先生」とおだてながら、酒をつぎ、泥酔させている。その後の油断し切った心の虚をついて、多数で襲いかかるという手段までおなじである。

芹沢一味は、その後切腹を命ぜられて、一掃されるが、伊東一味に対しては、その夜すぐ、伊東の死体をワナにおびきよせ、おし包んで討ち取るなど、二重三重のワナを張りめぐらしている。尋常一様の謀略ではなかったろう。

篠原泰之進は、血路を斬り開いて、逃げのび、東洞院をかけ抜け、今出川桂宮の尾崎刑部権大夫方に救いを求めた。尾崎は、二階に篠原を隠した。

翌朝四つ頃（午前十時）新撰組隊士六、七名が、おしよせて、

「篠原という者が、潜伏していると聞いた。即刻引きわたさないと為にならぬぞ」

と、要求した。尾崎は、とぼけて、

「昨夜、確かに、一度来ました。その後は全然来ません。もし御懸念でもあるなら、家中お探し下さい。しかしこのことが私の主家の宮家にでも聞えましたなら、貴隊に後日、難がかかるかと思われます」

隊士たちは、これに驚いて、

「いや、いや、それには及びません」

と、早々に立ち去った。

危ないところを助かった篠原は、夕七つ頃、尾崎家をひそかに脱け出して、薩摩藩邸にかけこんだ。留守役の内田仲之助、下役遠武橘次らが面会して、

「あなた方が、勤王の志を貫徹なさる以上は薩摩藩はあくまで御助力いたしましょう。

必ず近いうちに、機会もめぐってくることと思います。その時までは、どうぞ枕を高くして、ゆるゆると御休息下さい」

と、親切にもてなしてくれた。篠原は、その真心に打たれて、感涙したという。

伊東の弟鈴木三樹三郎も、富山弥兵衛とともに、斬り抜け、夜半、薩摩藩邸に至り、門をどんどんと叩いて、中村半次郎の名前をいって開けてもらい、難を避けた。富山は、薩摩藩出身で、薩摩の密使として、新撰組に潜っていたらしい。

その後も、新撰組は、油小路の十字路に、斬り捨てた五人の死体をそのまま放置しておいて、衛士残党が引きとりにくるのを待ったが、さすがにこのワナには、衛士たちは引っかからず、やむなく五日目に、仏光寺通大宮西へ入ル浄土寺へ運んで、手厚く埋葬した。

第五章　倒幕志士の女黒幕

岩倉を暗殺から守った松尾多勢子

松尾多勢子は、いわば当時、新時代の実力者であった新興ブルジョアジーの娘である。成長して、信州伊那谷の豪農松尾淳斎に嫁いだ。松尾家は、酒造業も製糸場もかねて、財力に恵まれていた。

多勢子は、娘時代から学問に志し、当時この地方で盛んであった平田篤胤《あつたね》の国学を学び尊王の志を深めていた。倒幕派とも連絡しながら、しだいにその存在を知られていった。

五十二歳のとき、京都へ上り、実践活動に入った。文久二年（一八六二）である。「信濃の山奥から来た和歌よみ婆さん」と自分で売りこみながら、公家や女官など朝廷で実力を持つ人々に近づいていった。

多勢子の役割は、倒幕派の活動に必要な情報を収集することであった。

いわば、女スパイである。

しかも、松尾家の金をぞんぶんにまきちらしながら行うのだから、権力の割に貧しかった公家たちから政治の秘密を聞き出すことはたやすかった。

当時、倒幕派から奸物といわれた岩倉具視に近づく。岩倉は、和宮降嫁《かずのみやこうか》を画策し、勤王派からいつ斬られるかわからぬ身であった。

はじめは、多勢子も岩倉の行動をスパイする目的で近づいたが、岩倉が得難い人物で、倒幕のためには、いまに欠かしてはならない逸材になるであろうと見ぬき、逆に尊王派の天誅からかばって助けたこともある。

多勢子に援助を受けた志士に、藤本鉄石や品川弥二郎などがある。

文久三年（一八六三）二月に起こった等持院の足利木像事件には、彼女もかなり関わっていたという噂もあった。

平田門下の尊王志士たちが、足利尊氏、義詮、義満三将軍の木像の首を斬りとり、幕府に対する激越な弾劾文を添えて、三条河原にさらしたのである。

当時、この事件が、どれだけ世間を騒がせたか？　現代では想像もつかないであろう。

それは将軍支配の幕府体制が、実はあるべからざる存在で、覆すべきであるという大義名分を時代の大衆に向って、初めて鼓吹した革命的事件であった。

幕府が、この事件に対して、いかに狼狽しかつ憤り、重大視したかは、草の根分けても犯人を探し出せという厳重な捜査のし方でも察することが出来る。

当然平田門の重鎮として、また志士の援助者として、幕府がブラックリストにランクしていた多勢子の身にも危険が迫った。

多勢子は、品川弥二郎ら長州志士の手引で長州藩邸にかくまわれた。が、探索の網の目は当然そこにもしぼられてきた。

多勢子は、三月末、志士たちに護衛されて京都を脱出、信州伊那の家に帰った。

松尾多勢子（まつお　たせこ）一八一一―一八九四
幕末の尊皇攘夷派、女性志士。信州の名主の家に生まれ、十九歳で豪農・松尾佐次右衛門に嫁ぐ。六男四女を育てる傍ら、和歌や平田派国学を学ぶ。五十二歳で夫の許しを得て上洛。多くの公家や志士たちと交わり、尊攘運動を支援する。岩倉具視を天誅リストから外させたり、多くの志士を庇護した。維新後は岩倉に仕え、隠居後は故郷で晩年を過ごす。

志士たちに尽した一生

故郷伊那でも、多勢子の倒幕活動は停止しなかった。彼女は、松尾家の資産を傾けて、諸国の志士たちを援助した。多勢子の名声を聞いて、倒幕の志士たちも、彼女を頼った。

天狗党が筑波で兵をあげた時も、少なからぬ軍資金が、松尾家から流れ出た。また、挙兵が敗れたり、役人に追われる志士たちが、多勢子なら助けてくれると聞き、伊那谷目ざして、手配の網を突破して集まってくるのだった。多勢子は、命を張って闘いつつ彼女を頼ってくる志士たちの顔を見ると、涙を流して悦んだ。傷の手当て、再起への協力と、彼女の生活は、倒幕の熱気の中で、明け暮れた。それは緊迫し、かつ殺伐ではあったが、最も彼女が生き甲斐を感じた時期であったろう。

しかし、そのため、目的の回天の事業が成り、明治新政府が成立したころ、松尾家の資産はあらかたなくなっていたという。

維新以後の彼女にも、まだ烈々たる女革命家の情熱が残っていた。彼女は、幕末、命を助けたことのある岩倉具視家の女参事になって新政府の中心人物である具視の懐刀になっている。

幕末の倒幕志士が新政府に用いられるよう提言し、その人物についても具視に説明する役を果している。

　しかし、一面新政府に対して、激しい挫折感を味わっていくことになる。彼女の期待した新しい世は、彼女を無残に裏切った。それは庶民のためにも、農民にとっても、世直しなどとはとてもいえない時代であった。

　名目の上で、士農工商の階級は廃止されたが、一揆は頻発している。

　世直しを期待し、裏切られたという意味では、農民が最大の被害者であったかもしれない。生活が安定すると宣伝されて協力した庶民もまたそうであった。が、多勢子はそれを考えるたびに、赤報隊を率いて相楽総三や自分の末男為泰が、官軍本隊に先発して、出発した日のことを思いおこすのである。

　多勢子は、下総出身の勤王志士相楽総三の人物にほれこみ、その思想や行動を敬愛していた。それは、まさに新しい時代の象徴に見えた。それ故に末の子の為泰を彼にあずけたのである。

　維新の目的として「農民や庶民の生活は大きく改良される。地租は半減され、農工商の生活は安定するのだ」と熱っぽく語り、行動し、直進する相楽を利用して裏切り、ついに殺したのは新政府であった。

　多勢子は、あれほど支持し、命をかけて危難を防いでやった岩倉の身辺にただよう黒い影を見て、不快な思いをした。それは、やりきれない圧力で、彼女の心をおしつぶしてくる。だが、多勢子は、それを忘れて、かつての志士が、維新後扶持をはなれ、路頭にさまよう状態になっているのを救って、新政府に役職を見つけては斡旋し、世話するのであった。それは裏切られた革命のせめてもの罪滅ぼしであった。

維新とともに、多勢子の心もしだいに孤独への道を辿っていった。

新政府の謀殺・相楽総三の斬首

慶応四年（明治元年、一八六八）一月十日官軍の先鋒である赤報隊隊長相楽総三は、「徳川天領の民を官軍側につけるために、減税の布令を行いたい」と建白書を提出した。

朝廷は、優れた案としてこれを採用し、「年貢半減を許す」と沙汰した。相楽の率いる官軍は、悦んで各地で、

「官軍の時代がきたら年貢は半減する」

とふれ廻った。この策は成功し、各地で、幕府側に楯つく一揆暴動が起り、佐幕各藩は重大な脅威を受けた。

だが、新政府はこの政策が重大な誤りであったことを間もなく自覚する。

第一に沿道各藩主、官軍側の藩主までが年貢半減政策に恐れをなして、動揺をはじめたのである。

第二に、年貢半減政策を布告して歩くと、かえって現地調達が困難になる。藩も人民も余り痛めつけられない。

第三に、豪商から軍費を借りるにしても、新政府は未だ信用が薄い。農民の地租を担保にして借りる以外に手段はない。

こうなると、政策を変更する必要に迫られた。そこで、相楽のやった行動は、官軍の方針でないということを、早急に明らかにしなければならぬ事態になった。

ここで、相楽総三をいけにえにする政策がとられるのである。無残にも、「官軍ノ名ヲ偽リ、……名モ献納ニ仮リ私利ヲ貪リ候徒モコレアルニ相聞エ、以テノ外ニテ」という回状が、各藩に通達される。各藩の恨みが、相楽の一身にすり変えられてしまったのである。

やがて転戦中の相楽は出頭命令を受けて、下諏訪の亀屋本陣に赴く。が、そこで突如抜刀した兵に囲まれて、捕えられた。

処刑の日は、あられまじりの雨が降って、身の底まで冷えこむような寒さであった。刑場は、下諏訪明神の並木の下である。

まだ日和見をしている上田、松本、高島ら諸藩の役人が立ちあった。官軍が、各藩に顔を立てるための興行であることは、これだけでも明らかであった。

次々と隊士が斬られて、彼は八番目、一番最後に首の座に直った。すでにあたりは暮れ始め、暗かった。

相楽総三

右の者、御一新の時節に乗じ、勅令と偽り官軍先鋒嚮導隊と唱へ……諸藩を欺き、或は良民を惑わし、莫大の金を貪り、種々悪業を相働き、その罪数ふるに遑《いとま》あらず、このまま捨て置くならば、愈以て大憂を醸し、その勢い制す可からざるに至る。依つて誅戮梟首し……諸民に知らせるものなり。

相楽には、一言の弁明の機会も与えられず、辞世一つ残すいとまさえ認められなかった。

けむるような雨の中に血をしぶかせて、相楽の首はとんだ。彼らの梟首《きょしゅ》は、何者かが奪って持ち去った。相楽の親友であった落合直亮は、新政府のこの残酷狡猾な政略に激怒して、その張本人の岩倉具視を暗殺しようとつけ狙ったが、果さなかった。

間もなく、落合は、伊那県大参事になってこの地に帰り、相楽のために、魁塚をつくって供養した。その養子落合直文が、『白雪物語』を著し、初めて相楽の事件が冤罪であることを明らかにしたのである。

多勢子も豪農の出であり、新興ブルジョアジーの一人であったが、代々農民の血を引いていた。階級的にはむしろ新政府の政治権力に癒着して、賢く立ち回った方がうまい汁を吸えただろう。一応の財力を築けたにちがいない。彼女には、松尾家をこの時代の波にのせて存分に伸ばすだけの器量も才覚も、そしてなによりも背景に恵まれていたはずだった。

だが、多勢子はそれをしなかった。多勢子はその意味で誰よりも誇り高く清潔で、新政府の指導者の誰よりも侍で、維新の本来の姿を裏切るまいとつとめていた。

しかし、それは孤独な自分だけの闘いであった。新政府の高い場所に身を置けば置くほど彼女はその汚濁と腐敗の中で、失望と孤独感を深めた。

維新は裏切られた革命であり、中でももっとも裏切られたのは、農工など働く庶民で、貧のどん底の中で新政府に対する不平が渦巻いていた。新政府の腐敗に見切りをつけた多勢子は、岩倉家を去り、ひっそりと身を避けるように郷里伊那に戻り、夫と肩を寄せ合って世を終った。

第六章　三浦休太郎暗殺未遂事件

いろは丸事件

「紀州の公用人三浦休太郎（安）の動きがあやしい」

と、聞きこんできたのは、陸奥源二郎であった。陸奥がこの情報を入手したのは、紀州の材木屋加納宗七だった。

陸奥も紀州藩士である。加納とは、かねてから深い交わりを持っている。

ある日、加納が陸奥を訪ねてきた。

「どうも三浦の動きがおかしいのです。大垣の井田五蔵と結んで、薩摩屋敷に放火し、その勢いにのって、尊王派を一掃するという計画を立てているようです。先手を打たなければ大変なことになりましょう」

加納はなおつけ加えた。

「坂本先生を暗殺したのも、いろは丸事件に根を持った三浦らしいという噂もあります」

「そうか」

陸奥は、膝を打った。三浦ならやりそうなことだという感情が、みるまに三浦に違いないという確信に変っていく。人間の感情の恐いところである。

しかし、三浦休太郎のこのごろの行動は、事実あやしいことにはあやしかった。また、〝いろは丸事件〟で竜馬に対して、深い遺恨を抱いていることも事実であった。新撰組同様やはり、竜馬の隠れ家を突き止めれば、刺客を送って斃す可能性はあったのである。

いや、新撰組に竜馬暗殺をそそのかしたのは、三浦だ。新撰組の背後には、三浦が

三浦安（みうら　やすし）一八二九―一九一〇
幕末の紀州藩士、明治時代の官僚。通称・三浦休太郎。西条藩士・小川武貴の子で、後に三浦家の養子に。昌平坂学問所に学び、一時は尊攘派志士だったことも。紀州藩に取り立てられて外交に従事するが、いろは丸事件が発生。海援隊に賠償金を支払ったことで、坂本龍馬に恨みを持つ者として海援隊士に襲われ負傷する。維新後は東京府知事などを歴任。

いる。三浦と新撰組は、この事件に限り一体だという噂もひろがり出した。

〝いろは丸事件〟で、竜馬のかけ引きのために、それほど三浦は、面目を失っていたのである。〝いろは丸事件〟とは、何か？　ここで、三浦の竜馬に対する遺恨を説明するために、〝いろは丸事件〟に、ふれておこう。

慶応三年四月十九日に話はさかのぼる。

海援隊の隊船〝いろは丸〟は檣頭（マスト）に紅白紅の船旗をひるがえして、大坂へ向け、長崎港を出帆した。

隊長坂本竜馬も乗り組んで、自ら指揮をとっている。積荷は、銃砲弾薬、旅客船荷も積み込まれていた。

速力四十五馬力、百六十トン、内車の蒸汽船だ。これを買いこんだのは、伊予大洲の藩士国島六左衛門で、オランダの商人ボードウィンから購入したものだ。

が、この時、大洲藩内の俗論党が、こぞって反対し、国島を攻撃したので、ついに国島は切腹しなければならない破目に陥ったという悲劇の傷痕を残している。

海援隊は、これを日数十五日、一航海五百両を払うということで、大洲藩から借り受けていたのである。

安全な航海が、つづいた。二十日、二十一日、二十二日、二十三日の午後十一時ごろ、いろは丸は、讃州の箱の岬にさしかかった。

海霧が深かった。一寸先の視界も見えぬほどである。

突如、その灰色の海霧の中から、巨船が姿を現わした。

紀州藩の汽船明光丸である。八百八十七トン、八十馬力というから、大きさはいろは丸の五倍である。速力も二倍以上だ。

当日いろは丸の当番士官であった佐柳高次《さなぎこうじ》が、深い霧の中に突如前方に浮び上がった白いマストと右舷灯の青い光を認めた時は、すでに遅かった。

あわてて、左に急旋回しようとしたが、明光丸は逆に右旋回しながらまっしぐらに進んでくる。

あっと思うまに、いろは丸の右舷に激しい震動が起った。煙筒、中檣《しょう》が音を立てて切断され機関室は壊された。

どっと割目から海水が、雪崩れ込む。

見るまに、いろは丸の船首は傾いていった。

船中は総立ちになって配置につき、かけまわって死力をつくしたが、すでに沈没の運命は、決定的であった。

佐柳高次は、しきりに救助を明光丸に求めたが、不思議なことに明光丸からは、何の応答もない。憤った機関士の腰越次郎《こしごえ》は、哨船の錨を取って、明光丸に向かって投げ、まきつけて、それを伝って、とび移った。が、相手の甲板には意外のことに一人の士官の影もない。

佐柳高次、小曾根英四郎、水手《かこ》小頭の梅吉なども、後につづき、明光丸の乗組員を詰問し、かけあったが、ただいたずらに狼狽するだけで、何一つ処置を施さない。

あわてふためいた明光丸は、一時五十間後退したが、また、どう思ったのか前進して、いろは丸の船腹に衝突した。

「ばか者！　何をしている」

いろは丸側は、怒ったが、危険はますます迫った。やむなく、三十四名全員哨船を下ろして明光丸に収容させた。

竜馬は、この時、明光丸の船長高柳楠之助にかけあった。

「繋索《けいさく》で、二つの船を結び合わせて、いろは丸を曳航してもらいたい」

が、逆上した高柳は、

「そんな危険なことはできない。こちらまで危なくなる」

と、応じない。そのうちに、いろは丸は汽笛を一声高く残して、ついに海中にその姿を没してしまった。

とにかく早急に善後処置を講じようということになって、明光丸は、その夜半、備後の鞆の港に錨を下ろした。

海援隊員は石井町の桝屋清右衛門方に泊り、竜馬は長岡謙吉を伴って、交渉に当たった。

しかし、意外にも、高柳の態度には、まるで反省も責任感も見られない。まるでいろは丸側に落度があったみたいな態度だった。

「いろは丸に舷灯がなかったではござらぬか？　濃霧の中で見えないのは当然」

と、自分の罪をこちらに転嫁する態度だ。

竜馬は、しんから腹を立てたらしい。

「明光丸の甲板には、一人の士官の影も見えなかったことは、はっきりしている。それに一度後退しながら、なぜまた前進して、衝突したのか？　土佐海援隊の船と知って、故意に沈めようとしたのか」

竜馬の語気は鋭かった。高柳は蒼白になったり、赤くなったり、心内の動揺を隠せないが、やはり誠意がない。

竜馬は、業を煮やした。

「とにかく、この件の落着するまで、明光丸の出帆を差し控えてほしい」

が、高柳は、それもはっきりしない。

「主用がござれば、そのようなわけには」

かなり狡猾な人物だ、とにかく、この場を早く切り抜けたい。言質を竜馬に与えまい。早く帰藩して、責任は土佐にあると報告して、自分の責任を免れたいという気持が、ありありと現われている。

竜馬も、ついにさじを投げた形で、その日は別れた。

二十五日に、再び越後町の魚屋万蔵方で、会談を再開した。

「どうしても、貴公が、主用のためやむなく主帆するというなら、当方の危難を救うための応急の策として、一万両貸してほしい」

が、高柳は、よほど腹のすわらない役人根性の男と見えて、即答できない。

「明光丸の勘定奉行茂田市次郎に相談申す故お待ち下さい」

結局、

「これをお納め願いたい」

と、金一封包んでさし出した。竜馬は、腹を立てて、突っぱね、席を蹴って帰った。

その見幕に恐れをなしたのか、二十六日の夜になって、成瀬国助という男が高柳に代わって、桝家の竜馬を訪れた。

「御申し出金子一万両は、御用立て申すが、返済期限を明らかにされたい」

竜馬は、また憤激した。

「何をいう。これは〝いろは丸〟が、不法に沈没させられた当然の弁償金の一部として、出せというのであって、返済の何のというべき筋合のものではない」

その翌朝、魚屋万蔵方で、竜馬は高柳と二度会見したが、高柳は、相変らずぬけぬけと、

「まだ、当方が悪いときまったものではない。だから弁償金と申されても困る。御用立ていたすが、一応返済期限を」

と、ねばって、埒があかない。ついに、竜馬は激怒して、

「盗人猛々しいとは、貴公のことだ。この上は、長崎において、正式の談判をいたして、正否を決しましょう」

と、席を蹴って立った。怒髪天をつく勢いであったという。

この時、佐柳高次と腰越次郎が、

「私どもは思うところありまして、今日限り海援隊を脱隊したいと思います」

と、いってきた。竜馬は、ははあと感づいたので、

「貴公ら斬り込むつもりだな」

といった。

「わかりますか」

「当たり前だ。顔色を見ればわかる、明光丸に斬りこむと書いてある」

と、きめつけた。

「まあ、気持はわかるが、僕を信じてまかせてくれ。いよいよ事がこじれれば、一戦争ということもある。その時まで、僕に命をあずけてくれ」

と、はやり立つ二人を抑えた。

竜馬の勝利

事実、この時、竜馬は紀州藩相手に、武力衝突を起こしかねない見幕だった。

この時の竜馬の手紙の中には、

「(略) いづれ血を見ずばなるまいと存じ居り候。其後の応接書は西郷まで送りしなれば早々御覧成らるべく候。航海日誌写書送り申し候間、御覧成らる可く候。この航海日記は長崎にて議論すみ候までは他人に見せぬ方が宜と存じ候。西郷に送りし応接書は、早々天下の耳に入り候へば、自然一戦争致し候時、他以て我も尤と存じくれ候。

そうじて紀州人は我々ども便船人をして荷物も何も失ひしものをただ鞆の港に投げ上げ、主用あり急ぐとて長崎に出で候。鞆の港に居せよと申す事ならん。実に怨み報ぜざるべからず草々頓首

四月二十八日　　　　　　　　　　　才　谷　竜

菅野覚兵衛様

多賀松太郎様　　　　　　　　　　　　　　　　」

と、一戦争しても、怨みを報いたい感情がありありと現われている。もっとも、この大宣伝が、竜馬一流の策謀とかけ引きであったかもしれない。

しかし、長崎へ着く前に、決死の勢いだったと見え、三吉慎蔵に、

「俺の死後は、妻の鞆子を故郷へ届けてくれ」といい残して、出立している。

五月十三日、長崎に着いた。明光丸の方は、先に着いて、待ちかまえていた。

海援隊側からは、竜馬のほかに、長岡謙吉、渡辺剛八、佐柳高次、小谷耕蔵、腰越次郎他土州藩の遊学生二人、紀州藩は、明光丸船長高柳楠之助、岡本覚十郎、成瀬国助ほか七名が対決した。

双方互いの非を主張して譲らない。航海日記を出してきて海路図を中心に、卓を叩いて、激論し、時の移るのもわからぬほどだったが、この時の竜馬の弁舌の冴えと、

鋭いかけ引きは、目を瞠《みは》るものがあったという。

紀州藩は、竜馬の才と胆と気魄におしまくられ、圧倒された感じであった。

ついに、海援隊側は、紀州藩に次の事実だけを承認せよと迫り、一札とった。

慶応丁卯四月二十三日、紀伊公の蒸汽船　我が蒸汽船と衝突す。我船沈没す。

其　記

衝突之際我士官等、彼甲板上に上りし時一人の士官あるを見ず。是一ケ条。

衝突の後彼自ら船を退事五十間計、再前進し来つて我船の右艫を衝く。是二ケ条。

不承々々紀州側は、このわけのわからぬあいまいな二カ条の一札を入れたが、こうなると勝負は、完全に負けである。

しかし、土佐側にしてやられたという気持が強く、巻き返しを策して、長崎奉行に事情を訴え、海援隊を押えようとかかった。

これからが竜馬の才と度胸の見せ場である。彼は、敵のペースに巻きこまれなかった。常に相手を自分の土俵に引きこんで、自分のペースで相撲をとる男である。

竜馬は、長州の木戸準一郎（桂小五郎）としめし合せて、

「土佐は長州と連合軍を組んで、紀州藩と一戦を交える用意がある」

と、大宣伝を行った。

竜馬は、連日円山の廓に乗り込み、情婦のお元に、自分の創作の俗謡を唄わせ、円山中の芸妓の間に広めさせた。

　　船を沈めたその償ひは
　金をとらずに国をとる

海援隊士も、芸妓と一緒になって、唄って歩くので、たちまちこの俗謡は、長崎全市に広まった。

それと同時に、長土連合軍と紀州の戦の噂がまき散らされた。

当時の長崎では、海援隊は、大変人気があった。長崎市民の同情は、ほとんど海援隊に集まった。

また、そうした人心をつかまえる術に、竜馬はきわめて長けていた。

紀州藩に対する評判は、その逆にどこへ行っても悪かった。

後藤の交渉の冴え

次に、竜馬は、後藤象二郎を動かした。また、後藤は、機に乗じ、時流をつかむには、天性の才を持っている。こういう時には、実に素早い頭の回転をしめす男で、スケールの大きな機会主義者である。

彼は、紀州藩の重役へ宛てて、書面を送った。

「いろは丸沈没事件の成行きは、どのように決着するかは存じ申さぬが、とにかく、海援隊の連中の憤激ぶりは抑えがたいものがある。

これでは、近日中、彼等は何をするかは測り難い。土州藩としても、できるだけ取締るつもりではおるが、万一の際のことを慮って、念のため、この儀お知らせ致しおく」

明らかな脅迫状である。紀州藩は、周章狼狽をきわめた。長州は第二次長州征伐で幕軍を敗って、当るべからざる勢いだ。

坂本が中に入って薩長連合も成立し、反幕勢力の三藩は、佐幕諸藩を圧倒している。英国も背後にいる。

万一、長土と戦端を開くようになると、幕府御三家の一つとしても、敗退するわけにはいかないが、とても勝つ自信はない。また、幕府が無用な争いを好んでいない時に、徳川の親藩である紀州が、たかが海難の争いのために兵火を起しては、名分もたたない。

後藤は、その紀州藩の動揺につけ込んで、五月二十二日、正式に土州藩と紀州藩の問題として交渉を開くよう要求した。

五月二十二日、聖徳寺において、両藩代表は、正式交渉を開いた。

後藤は、紀州藩代表茂田市次郎に対し、

「貴藩が長崎奉行に提出した上書中に、いろは丸に舷灯がなかったために衝突したと認めてあるのは、十五日に定まった決議を妄《みだ》りに変更し、無視する、武士として甚だ信義にもとった行為である。自らの罪を他に転嫁しようというものである」

と、激しく詰って、ついにそれを撤回することを確約させた。さらに、

「このような海難事故においては、日本では、裁決しようにも、拠るべき判例がない。ちょうど幸い、エゲレスの水師提督が長崎に来港中である。彼に万国の判例をたずね、相当な裁定を請うことにしたらどうか？　彼に裁判してもらうというのではない。公

後藤象二郎（ごとう　しょうじろう）一八三八―一八九七
幕末の土佐藩士、明治の政治家。吉田東洋に学び、江戸遊学を経て、藩の大監察として土佐勤王党を弾圧。坂本龍馬と長崎・清風亭で邂逅し、王政復古・大政奉還に奔走する。維新後は、新政府の参与・参議を歴任。征韓論に敗れ、西郷隆盛・板垣退助らとともに下野する。板垣らと自由党を組織し、民撰議院設立建白書の提出に参画。閣僚を歴任後、辞職。

論を求めるということだが」

と、提案した。茂田はすでに押しまくられて、おびえ上がっている。

「わかりました。その件は承知つかまつった。ただし、賠償手続き及びその期限などに関する件は一存にて計りかねるので、しばらく御猶予願いたい」

と、むしろ卑屈な態度である。

が、後藤は昂然とそれにおし被せるように、いい放った。

「貴藩のこれまでの仕打ちは、どこから見ても、きわめて冷酷なもので、評判は宜しくない。今後の御処置しだいでは、どのような結末になるかも知れませんぞ。この儀しかとお心に止められよ」

慄え上がった茂田市次郎は、翌日、書状を以て、

「非もし吾が藩にあらば、直ちに貴意に従いましょう」

と、回答してきた。

五代才助の登場

困惑し切った紀州藩では、最後の策として薩摩藩の五代才助（友厚）に調停を依頼した。

竜馬や土佐藩の泣き所をついた汚い作戦である。しかし、紀州藩としては、自らの体面をかなぐり捨てた、ぎりぎりの段階に追いつめられていたといってよい。

五代は、後藤や竜馬を説得した。結局、土州側は、

「賠償額として八万三千両出せ」

とふっかけた。五代が中に入って、一度はそれで手を打った。徳川御三家の紀州藩としては開闢以来の恥辱を竜馬から受けたのである。公用人三浦休太郎だけでなく、紀州藩士はみな竜馬を憎み深い遺恨を持ったのは当然であったとみてよい。

が、逆に竜馬の威名は、さらに高まった。

ところが、この事件はこれですっかりケリがついたわけではない。紀州藩士は、よほど執拗な性格だったと見え、茂田市次郎が坂本、後藤ラインに屈服したことに対して、非難が、ごうごうとして集中した。

「勝海舟か、フランス人について万国の航海の条理を究め直し、談判をはじめからやり直せ」

というのである。

藩から三名を長崎へ送り、再び五代才助に斡旋方を依頼した。これにはさすがの五代もあきれて、

「一度私が入って決定した談判をいまになって覆すとは何事か！　そのような背信行為に従えば、私が物笑いになる」

と、激怒して、受けつけなかった。

が、紀州藩はなお粘って、当時長崎にいた土藩大監物佐々木三四郎（高行）や岩崎弥太郎に泣きついた。

竜馬は、これから先の談判には出席しなかった。代理として中島作太郎（信行）を長崎に送った。中島は、若いに似合わず、気の練れた、当りの柔らかい、それでいてシンの強い交渉上手だった。竜馬はそれを知って中島を使ったのである。結局賠償金は、七万両の線に落ち着いた。海援隊へは、そのうち一万五千三百四十五両が分配された。

大洲藩へは、四万二千五百両を返還した。

三浦を護る新撰組

こうした経緯から見て、三浦休太郎を頂点とする紀州藩士が、竜馬をつけ狙って、暗殺したのではないかという説は、決して無理なものではない。

三浦休太郎ならずとも、紀州藩士のすべてが、竜馬を深く恨み、藩の名誉のために、受けた恥辱をそそぎたいと念じたであろうことは、当時の武士気質として、充分推測されることだからである。

三浦も、やはり竜馬暗殺下手人の容疑者の中の重要な一人として、永久に消えぬ存在であろう。

まず直接に疑われる新撰組と紀州藩士を当時一つに結びつけて、下手人説が流布されたことも無理からぬことであった。

その、三浦が、大垣の井田五蔵と結び、薩摩邸に放火し、そのどさくさにつけ込んで尊王派をみな殺しにするという噂が、同志の間でまことしやかに立てられた。

それと、三浦が新撰組をそそのかして、竜馬を暗殺した張本人だという説が、いつのまにか直結して、

「三浦を斃せ！」

という声が、土佐藩を中心とする、浪士群の中に高まった。

が、土佐藩では、早くもこの不穏な動きを憂慮して、

「この際、気持はわかるが、噂に惑わされて、決して軽挙してはならぬ」

というきびしい布告が達せられた。

「藩が何といっても、我々だけで、三浦を斬ろう」

熱している彼らの頭には、藩命令などは素通りする。

「藩に気取られてはまずい。ひそかに、三浦の動静を突き止めろ」

陸奥源二郎、竹中興三郎、加納宗七、岩村精一郎、関雄之助、斎原治一郎の六人が、実行委員に選ばれた。

そこへ、新撰組を探らせていた菊屋峰吉が情報をもって、陸奥のところに、とんできた。

「新撰組の隊士は、入れ代り立ち代り三浦の所へ、つめています」

「どういうわけだ」

「三浦を狙っている者がいるから、当分は三浦のところにつめろということです」

「そいつはあやしい。やはり新撰組と三浦とで、坂本さんを殺ったから、我々の仕返しを警戒しているのだろう」

翌日、大江卓（斎原治一郎）も同じ情報を聞きこんできた。

いよいよ、三浦をやろうということになって、大谷の入口の月廼屋という貸席に一味は集合した。

伊達陽之助（陸奥のこと）、前岡力雄、中井庄五郎、竹中興三郎、岩村精一郎、関雄之助、斎原治一郎、宮地彦三郎、本川安太郎、山崎喜都馬、豊永貫一郎、松島和助、

藤沢潤之助、竹野虎太、中島作太郎ら二十数名の同志が顔をそろえた。

大江が、まず、

「議論はいい。坂本さんと中岡さんの仇を報ずることだ」

と、口を開いた。陸奥が情報を報告したが、中島作太郎が一人異論を唱えた。

「坂本先生には我々みな知遇を得たし、心服もしていた。情においては仇を報じたい。しかし、いまの時機は、私争の時ではない、坂本さんの遺志を貫徹する、遺された仕事を果たすことが、本当に報いる途ではないか？　三浦が新撰組を教唆したといっても、単なる臆測にしか過ぎず、何の証拠もない。間違ったら取り返しがつかない。そのようなことで同志を犬死させるべき時ではない。慎重な熟慮が必要だ」

が、陸奥は聞き入れなかった。

「三浦があやしいということは、誰も認めていることだ。新撰組についても、坂本先生を寺田屋で襲って負傷させたこともある。理屈をつければどうにでもつく、俺は斬り込み説だ」

「いや早計だ」

二人の争いは、果てしなく続いた。大江は焦った。

「こうなったら仕方がない。俺も斬り込み説だが、嫌な者は去れ、同志の者だけ、一緒に斬り込もう」

　岩村が賛成し、他の者も中島を除いて全員賛成した。中島は席を蹴って立った。

　中井庄五郎は、十津川の浪士で、一刀流をよく使い、人斬りとして名が聞えていた。

三浦に裏をかかれる

　三浦休太郎には女があった。小玉という芸妓である。三浦は、一力亭へ通って、小玉を呼ぶ。

　三浦の後をつけていた同志が、

「今夜、三浦は一力へ上がっている」

と、知らせてきた。師走の六日の夜である。

　急な報告なので、全員そろえることができない。やむなく陸奥、加納、関、竹中、岩村、斎原等が張り込んで、三浦の帰りを待ち受けた。

　夜が白々と明ける。果たして、三浦の駕籠らしいものが現われた。足音を忍ばせて、後をつけた。

　川縁まできた時、

「待たれよ」

と声をかけた。つかつかと近寄って、垂れをはね上げた。だが、中にいるのは、黄八丈の着流しの粋な男、三浦ではない。

「拙者は、柳川藩の留守居でござる。何用でござるか」

と、逆に詰問された。

「いや、紀州藩の三浦休太郎に用があったのだ」というと、

「ああ、三浦さんなら夜中に帰りましたよ」

みな、地団駄踏んで口惜しがったが、大江卓は後に、

「あれだけ見張っていたのだから三浦が抜け出しているわけはない。まだ、三浦は残っていたのを巧くはかられたのだ」

と、述懐したという。とにかく、三浦側も土佐藩のテロを警戒して、つねにその対策に神経を張りめぐらしていたことがわかる。（資料　平尾道雄『海援隊始末』）

天満屋騒動

こうなると、相手の警戒は、ますます厳しくなろう。

その日の昼すぎ、斎原、前岡、岩村の三人は、三浦の投宿している油小路花屋町下ル旅館天満屋へ押しかけた。が、

「三浦さんはお出かけです」

という。様子をうかがって見ると、確かにいる模様はない、が夕刻、加納宗七から知らせがあった。

「今夜、三浦はたしかに、天満屋にいるぞ。客を呼んで、宴会の仕度をしている。客は新撰組だ」

同志に、即刻檄がとばされた。

集結の場所は、西洞院御前通りの料亭河亀！

続々と集まってきた者にそれぞれ打ち入り部署を定めた。陸奥源二郎を初めとして、剣客として有名であった中井庄五郎、本川安太郎、松島和助、山崎喜都馬、竹野虎太の六人は表口、前岡力雄、関雄之助、岩村精一郎、藤沢潤之助、加納宗七、山脇太郎の六名が側面を固める。斎原治一郎（後の大江卓）、宮地彦三郎、豊永貫一郎が裏に張り込んで、出てきた者を斬る、と手筈はできた。

慶応三年十二月七日、風のひどく荒れる日であった。

「いまちょうど酒宴の最中です」

見張りの者が知らせてくる。

「では、行こう」

それぞれ、別れの盃をくみ交し、闇の中の斬り合いになることを予感して、目印のために晒の鉢巻を分配した。首尾よく打止めたらその場からみな思い思いに、落ちのびる。その時の用意にと、四両ずつ用意金も分配した。

が、考えれば、この日は、討入りのためには、もっとも不利な日だったのである。三浦の宿には、毎日のように、新撰組が、三、四人はつめて警備している。この夜は、討入りの形勢を察したのか、三浦の慰労の会という名目で、新撰組の腕利きが多数おしかけていた。

明け方あのような危険があった直後である。三浦をかくしもせず、その宿に多数新撰組がおしかけていたというのは、いかにもワナを張りめぐらせてあった気もする。ワナとまではいかなくても、準備態勢は充分で、「くるならこい、返り討にしてやるぞ」という備えだった。そこへ土佐側は斬りこんだのだ。

が、なぜ、三浦と新撰組が、これまで密接に、つねに竜馬の仇討を迎え撃つ態勢をとっていたのか深く疑問が残ることは否めない。

この夜、天満屋に招かれてきていた新撰組の隊士は、大石鍬次郎、斎藤一、中村小五郎、中条常八郎、宮川信吉、梅戸勝之進、蟻通勘吾、船津鍬太郎、前野五郎、市村大三郎らでその他に、紀州藩士関甚之助、三宅精一らがいた。

伊藤痴遊の説では、土方歳三と竜馬の刺客と思われている原田左之助も招かれていたという。

芸妓が、客の間を華やかにとりもって、酒宴は、たけなわであった。

そこへ、さらしの鉢巻をきりりとしめた土佐藩士、十津川郷士たちが、天満屋の周囲をとりまいた。

「近江屋で敵がやったように、偽名刺を出して取次ぎを乞うか」

と、入口で押し問答をしているのを見た中井が、

「御先へ御免！」

と、二階へ馳せ上った。宴席へ踏み込んだ中井は、騒然と膝を立て直そうとする新撰組の隊士たちの機先を制し、

「三浦はいるか」

と、叫んだ。三浦は思わず、

「おう」

と、答えた。中井は駆け寄ると、ぱっと居合の姿勢で、抜き討に斬った。が、刃先の伸びがわずかに届かず、三浦の頬を斬った。

それからは乱撃、乱闘だ。どっと立ち上がった新撰組は、斬りこんでくる浪士たちに、膳を投げつけ、抜刀して、斬り結んだ。

たちまち、灯は消えて、暗中に白刃の打ちあう花火だけが散って見える。

中井庄五郎は、

「よいしょ、よいしょ」

と、かけ声をかけながら、数人を相手に、わたりあい、何名か斬った。が、どうしたものか、中井の二尺八寸の刀が、鍔元から一尺一、二寸の所でボキリと折れた。そのはずみにあっとよろめいたところを、周囲から刺され、斬られた。

中井が、倒れて間もなく、

「三浦を打ち取ったぞ、引きあげろ」

という声が上がった。

「しめた。長居は無用だ。行くぞ」

陸奥も叫んで、階下へ駆け下りた。目的は首尾よく果したものと思いこみ、彼らは闇を駆け抜けて、引きあげてしまった。

が、これは、新撰組の奇智であった。三浦は無事だったのだが、斬りこみ側の勢いが凄まじいので、だまして難を逃れたのである。

新撰組は、三浦を囲んで、灯をつけて調べにかかった。

中井は数ケ所の深傷を負って、すでに息絶えている。

この時の双方の死傷者についても、いろいろ説があって、いまになっては、明細に定めにくい。

平尾道雄氏は、

「(略)相手方では三浦休太郎、関甚之助、三宅精一が負傷、佐波某、三浦の若党藤左衛門、仲間某が死亡、護衛の新撰組宮川信吉が即死、梅戸勝之進が重傷(略)」と『海援隊始末』に書いている。しかし、伊藤痴遊は、

「斬死にしたのは、この一人で(中井庄五郎のこと)新撰組の方にも、重軽傷を負ったものはあるが、死んだものはなかった」

と、書いている。また子母沢寛は、その著『新選組始末記』に、

「(略)新選組は、その夜いつになく大酒して、殆んどぐでんぐでんになっていた。宮川は、討死し、梅戸勝之進が、後から抱きつかれて引倒され、他の一人に斬られて重傷を負った、都合討死一名、深手一名、手負いはほかになかった。

急報によって、永倉新八、原田左之助などが本陣から駈けつけた時にはもう土州側は、引き揚げた後であった。

土州側の記録には、敵十九名斃れ、八名傷つくなどとあり、永倉新八翁の遺談には、斎藤一が二、三人引受けたが、得意の突きでバタバタ片づけたなどとあるが、いずれも信を置くことは出来ない」

と、記してある。

〝いろは丸事件〟における、竜馬の辣腕ぶりに対する紀州側の憎悪は、まだなまなましい頃である。そこに竜馬が多数の浪人をひきいて、入京したという噂が立った。大政奉還で気の立っている新撰組と、紀州藩士は結びついて、竜馬暗殺を決行した。その復讐に備えて、ものものしい警戒を固めていたということも充分考えられるのである。

第七章　坂本竜馬暗殺事件の謎——定説へ挑む

拷問と長期拘禁の果ての自供

『幕末暗殺史』の中で、私は次のように、書いた。

「坂本、中岡暗殺は、現在では、元京都見廻組今井信郎、佐々木唯三郎らがやったというのが定説になっている。

これは、明治三年二月から九月まで、兵部省《ひょうぶ》、刑部省《ぎょうぶ》が今井を捕えて、猛追及したあげく出てきた自白である。

しかし、この自白を唯一の信憑性あるとするのも、私は危険だと思う。

元来、長い間追及された後の自白というものは、信用できないものである。苦しさの余りや、あるいは精神や頭脳に異常を起こして自白することもあり得るし、時には、大物犯罪者ぶりたい衝動からチンピラが偽りの自白をすることもある。

佐々木唯三郎は、刺客としては名の売れた男だったが、今井はそれほどの存在ではなかった。小太刀の名手として、仲間のうちでは知れていたくらいである。
今井の供述が、現場とぴったり一致したというが、刑部省はすでに現場の模様はみな知っておるのであるから、追及のはて、自白をそれに合せていくことぐらい容易にできる。

今井信郎（いまい　のぶお）一八四一―一九一八
幕末の幕臣、京都見廻組隊士。湯島の幕臣の家に生まれる。湯島聖堂で学問を、榊原鍵吉の道場で直心影流を修める。勝海舟と同門。遊撃隊として上京、京都見廻組に参加。戊辰戦争では衝鋒隊副隊長で参戦、函館で降伏。このときの取調べで坂本竜馬暗殺への関与を自白。投獄後、特赦で釈放。出所後は八丈島の小学校長や、入植地の村長などを務めた。

佐々木唯三郎（ささき　ただサぶろう）一八三三―一八六八
幕末の旗本、京都見廻組隊士。会津藩士の子に生まれ、後に旗本の家の養子となる。神道精武流を修め「小太刀をとっては日本一」と称された。幕府浪士隊の取締役として京に上るが江戸に戻り、倒幕を唱えた清河八郎を暗殺。京都見廻組組頭として攘夷派の取り締まりを行い、坂本竜馬暗殺に関与したともいわれる。戊辰戦争に参戦し負傷、敗走中に死去。

役人としては、一度新撰組の仕業と思われていたものをひっくり返す興味も手伝っていたかもしれない。

また、懸案であり、謎である坂本、中岡暗殺の下手人を突き止めようという功名心に焦っていたかもしれない。

物証というのは、何もないのだから、史家が、二人の下手人は、佐々木、今井一派だと断定すると、実際には大きな錯誤が行われるかもしれない。

もしそうだとすると、近江屋に残されていた新撰組に貸されたという足駄は、どう説明されるのだろう。

今井を調べたのは、刑部省の中解部《なかのときべ》を務めていた小島元均と小判事宮崎有終であった。

その口書の内容によると、

「刺客の一味は、佐々木唯三郎を首領に、渡辺吉太郎、高橋安次郎、桂隼之助、土肥仲蔵、桜井大三郎、今井信郎の七人。

手はずは、渡辺、高橋、桂の三人が二階へ踏み込み、今井と土肥、桜井は台所に見張り手向いする者あらば、これを斬り殺す。

桂隼之助は、一足先に宿に入り、家人を偽って竜馬の有無を確かめる。

たまたま初めは留守中だったので、同夜五時ごろ、再び訪れ、佐々木唯三郎が先に立ち、松代藩と書いた偽名の手札を差し出した。

取次が二階へ上がる後より、手はず通り三名が駆け上がり、佐々木は二階の上がり口を塞いだ。

今井は奥の間に踏み込み、家人を抜刀で抑えているところへ二階から三名が下りてきて、

『竜馬は討止め、外《ほか》二人の者に切り付けたが生死は見届けなかった』

と、報告したというのである。

この自供で、信頼できない点は、直接の下手人を他の三名にし、自分は佐々木の命を受けて、家人を取り鎮めていただけという個所にも見える。

罪を逃《のが》れようとする共犯者がよく使う手である。

しかも、その三名は死んでいる。何を言っても死人に口なしである」

今井信郎の過去

今井信郎は、三河以来の直参である。しかし、七十俵六人扶持の御家人で、旗本の下の最下層の階級である。

御家人が、封建秩序の固定化した階級の中で頭角を現わす道は、武術によほど練達でもしなければ不可能であった。

彼は、築地の〝講武所〟に入門し、剣の修業に励んだ。講武所は、安政三年、水野越前守が創設したもので、総建坪千六百坪の宏壮なものだった。

頭取兼師範役に、当時剣聖の名の高かった直心影流の男谷精一郎が任命された。男谷は、弟子の中から榊原健吉を推挙して、教授にした。

今井は、この榊原に鍛えられた。六尺豊かで膂力《りょりょく》も強い今井は、剣には天成の素質があったらしくめきめきと頭角を現わし、ついには師範代までつとめるほどになった。

榊原は、まもなく十四代将軍家茂の師範役となり、三百俵を給せられたが、家茂の死んだ慶応三年七月、その職を辞して、下谷車坂で道場を開いた。

今井は、ここでも師範代となった。

が、元治元年四月、幕府が見廻組を編成した時、これに応募した。見廻組は、京都で暴れ廻る尊王攘夷の浪士を京都守護職、所司代の総督府の兵、一橋家の槍隊で、日夜警備してもとても取り締れない。そこで苦慮した幕府は、旗本、御家人の二男、三男の武術練達者を四百人に限度を置いて募集したのである。

今井は、微禄であるが、御家人といえども直参である。

連日天誅と称して、凶刃を揮い、我が物顔に、京都を暴れ廻っている尊王浪士が、我慢ならなかったのである。

四月二十六日、江戸を出発、京都へ着いた信郎は、西町奉行、滝川播磨守の配下の与力頭となった。

やがて、第二次長州征伐が幕府の失敗に終わった。その最大原因は薩長連携で、そのかげの演出者は坂本である。

「坂本を、斃せ！」

という声は、新撰組にも、見廻組にも起った。幕臣なら当然のことであったろう。

今井が、竜馬暗殺に使った小太刀は、無銘の関の孫六であったという説がある。

坂本、中岡に対する暗殺の功労に対し、守護職松平容保《かたもり》から、今井らはひそかに感状を授与されていたと後にいう人もある。

慶応四年正月三日、鳥羽村で火ぶたを切った、いわゆる鳥羽伏見の戦では、信郎らは伏見街道で奮戦したが、破れて敗走した。

江戸開城が決定した時、幕府歩兵が武器弾薬を盗み、下野方面へ脱走して抵抗した。

幕府からは、鎮撫隊が組織され、さしむけられた。今井もその八百五十名の中に加わっていたが、鎮撫隊も、「衝峰隊」に豹変して、薩長軍に抵抗をはじめた。

以来、上野、下野、北越、会津と官軍相手に抗戦をつづけ、石巻港から今井は、幕艦長鯨に乗り込み、箱館に上陸、五稜郭にこもって抵抗をつづけた。

この時、今井は、土方歳三らと共に、幹部の一人となった。

榎本武揚らがついに降伏した後、今井も捕えられて、江戸へ送られ、伝馬町牢舎へつながれる身になった。

明治五年一月、今井は静岡の井宮監獄にいたが、大赦令で放免された。以後静岡県庁警察部へ勤務、九年県十二等出仕になった。

西南戦争が勃発した時、政府は、警察隊を組織、今井も志願し、一等警部に進み、警察大隊の副大隊長を命ぜられた。が、西南戦争は間もなく終結し、戦闘に参加しないまま彼は、辞任した。当時、大井川下流の榛原《はいばら》郡初倉村の元牧野原を旗本に下賜して、茶園の開拓が行われていた。隊長は、中条派の剣客中条金之助だった。信郎は中条に話して、そこへ帰農した。

肥桶を担ぎ、百姓になり切っていたが、まもなくキリスト教に入信、篤実なクリスチャンとして一生を終った。

帰農二年後、どういうわけか、竜馬の愛人だったお竜から、竜馬の十三回忌の法事の通知がよせられたという。だが、ちょうど風邪を患っていて、行かなかったという。

今井刺客説が発表されてから、しばしば土佐の壮士の襲撃を受けたともいう。

ここで、彼は、三女都留、長男信夫、次男健彦などを生んだ。

信夫は技師になったが、健彦は、千葉県から高橋是清の応援で、政界に打って出、代議士に数回当選したという。健彦の妻が、女流歌人今井邦子であった。

信郎の弟省三は、東京帝国大学を出て、金沢の第四高等学校の教頭をつとめていた。

信郎は、信用が厚く、明治三十九年二月から四十三年二月まで、初倉村の村長になった。以後郡農会長などをした。

二人の新撰組隊士の供述の矛盾

五稜郭の幕軍榎本武揚、大鳥圭介らが降伏した後、新撰組残党を捕えた兵部省は、竜馬暗殺の下手人を突き止めようと追及した。

兵部省口書

箱館降伏人元新撰組
横倉甚五郎
午三十七歳

（略）土州藩坂本竜馬討候儀ト一向不存候得共、同人討候者ハ先方ニテハ新撰組ノ内ニテ打殺シ候様申居候間、油断致ス間斬旨、勇方ヨリ隊中へ申通候事承候而已ニ御座候、其余ハ一向ニ存不申候（略）

午二月

このくらいのことは、たとえ竜馬を殺していても、近藤らは、知らない隊士に向かって言いそうである。芹沢鴨暗殺の時の手口がそうであった。自分らの手で、芹沢、平山五郎らを暗殺し、女まで殺していながら、「芹沢先生を殺ったのは、長州藩士だ」と言いふらし、粛々たる葬儀を行い、声涙ともに下る調子で弔詞を読み上げている。

もう一人の口書は、

兵部省口書

箱館降伏人元新撰組

相馬肇コト相馬主殿

当二十八歳

（略）一、坂本竜馬儀ハ私ハ一向ニ存知不申候得共、隊中へ廻文ヲ以テ右之者暗殺致候嫌疑相晴候趣、全テ見廻リ組ニテ暗殺致候由之趣初而承知仕候（略）

この供述は、おかしい。いかに新撰組以外の犯行でも見廻組が暗殺したということを文書にして廻すなどということは考えられない。おなじ幕府内で、京都守護の任に当たる者の暗殺の証拠をみすみす残すようなものだ。隊内に間者は何度も入り込んで、斬られている。その時も入り込んでいないなどとは保証できない。また、ここまで公然と知らせたのなら、当時、世間にたちまち知れているはずだ。事実この頃伊東一派の間者小林某がいたことが『新撰組始末記』に明記されてある。

この二つの口書を、新撰組犯人説を否定し、見廻組犯人説肯定のために並べる人がいるがそれは無神経すぎて、驚くほど荒っぽい配列である。

この二つの内容をよく見てもらいたい。決定的な差異のあることにすぐ気がつくであろう。片一方の年齢三十七歳の隊員は、

「土州では坂本竜馬を暗殺したのは、新撰組だといっているから、油断するなと、近藤勇から隊中へ申しわたした。その他のことは、全然知らない」

と言っているのだ。ところが、もう一人の二十八歳の隊員は、

「文書にして、隊中に暗殺者は見廻組だと廻状で知らせられた」

と言っている。前者の壮年隊員は、文書の廻状も見ず、それに見廻組が下手人だと明記してあったのも見ていない。後者の青年隊員は、文書で隊中に知らせたといって

いる。全く相反する供述でどちらとも信用できない。大石鍬次郎の供述にも、近藤勇の供述にも、この廻状のことは現われていない。共に下手人は新撰組でないといって、逃げようとしている様子は窺える。当時のことだから拷問を加えて、相当きびしく追及したことであろう。

また、後者は嫌疑相晴候趣といっているが、どこに対して嫌疑が晴れたというのだろうか？　竜馬暗殺当時の世間では、土佐藩はもちろん、どこにも、全く嫌疑は晴れていない。

会津守護職に対してであろうか？　幕府側に対し、嫌疑が晴れたというのもおかしい。

兵部省では、相馬の供述を聞いた後、横倉に改めて、廻文のことを聞かなかったのであろうか？

いまの検事ならすぐその追及をはじめるはずだが……。

しかし、おそらくこの相馬の口書が、大石鍬次郎の自白取消し後の供述に結びつくのであろう。いまでも、卑劣な容疑者は、検事が他の容疑者の名を真犯人としてあげると、

「実は、そうなんです。いままで私はだまっていましたが……」

と、切り出すやつがいる。破廉恥な人間なら全くやりかねない行為だ。しかし、とにかく役人は、下手人を自分の手であげたい。そのために、どんな無理でもやりかねないのである。

大石鍬次郎の供述豹変の信憑性

大石は、官軍に逮捕されたとき、坂本暗殺は一旦自分が殺ったと自白しながら、後に、

「隊長加納伊豆太郎の拷問を逃れるために詐《いつわ》りの自白をしたのだ」

と、ひるがえした。その後の口書で、罪を見廻組に被せて、次のようにいっている。

（略）同年十月頃土州藩坂本竜馬、石川清之助両人ヲ暗殺之儀私共ノ所業ニハ無之、是ハ見廻リ組海野某、高橋某、今井信郎外壱人ニテ暗殺致候由、勇ヨリ慥ニ承知仕候、先達薩摩加納伊豆太郎ニ被召捕候節私共暗殺ニ及ヒ候得共、是ハ全ク彼ノ蔭ノ拷問ヲ逊レ候為メニテ実ハ前中上候通ニ御座候（略）

また別に近藤勇が、酒席で、

「竜馬ほどの剛勇の者を討果たしたとは大したものだ」

と、組頭に話したのを聞いたことがあるという曖昧なものもある。この二つの供述

の中にも廻文の話はでてこない。

ここで、次にいよいよ今井が責められることになる。また逆に今井の嘘の自白を役人が大石らにおしつけたのかも知れない。が、責められたとして、この前提として、「大石らが、坂本ら暗殺の下手人は見廻組のようなことをいっていたと聞いたが」という言葉があったであろうことを忘れてはならない。

大石のあとの供述が本当だとすると、初めの自白の時、なぜ、大石は、「自分たちがやったのではない。下手人は見廻組だ、今井信郎らがやったのだ、近藤からたしかにそう聞いた」

と言わなかったのであろう。近藤が官軍に調べられたときの自白もまた隊士たちの中でやったものがあるかもしれないという曖昧な供述に終っているが、なぜであろう。最初に、見廻組の名を出さないで、後になって、自分の自白を取り消し、他人の名をあげているのは、いかにもおかしいし、まるで自分の罪を逃れるために、他に罪を被せる卑劣な供述をしたのではないかという疑いも湧く。

性の悪い犯人がいまでもよく使う手である。

第三者の証言としては、この程度のものしかないところに、見廻組説の弱さがある。近藤が隊員に、あの下手人は見廻組だ、今井以外にないといっていたのが本当だとするど、どうしてそれが当時評判にならなかったのであろう。

自分を守るために、自分の行為をあくまで秘匿するという心境はわかるが、他の犯行を知っていて、それをあくまで守ろう、隠し通そうという心理は、実は人間心理の中には稀薄なのである。

まして近藤が、他の隊員にまでしゃべっていたのなら、

「坂本を斃した今井というやつは偉い奴だ。大変な腕のやつだ」

という噂が、抑えても抑えてもひろがっていたと思う。

やはり大物の佐久間象山を暗殺した刺客は、肥後の河上彦斎だということは、わずかの間にひろまってしまっている。

二つの反する供述

同様に今井の供述に先ず信がおけないのは、刑部省に逮捕されていた時には、手を下したのは自分でないといい、放免されて、自由の身になった後に、竜馬に直接手を下したのは自分だと自慢らしく語っていることである。

今井説をとっている人は、今井の人格を美化して、今井のいうことは正しいといっているが、真に今井が自分で殺ったのなら、生命の危険を感じる時は、同輩に罪をお

しつけ、安全になってから、あの手柄は俺が立てたのだ、俺の腕は凄いだろうと自慢するような人格を、どうして信頼できるだろうか？

　まして、その中の一人は、まだ生きていたのだとすると、尚さらのことである。転戦していた、今井には、佐々木唯三郎のほか、刺客に加わったすべてが、戦死していたという確認をしていたか、どうかも疑わしい。とすると、自分の自供によって、他の刺客たちの身に、司直の追及がのびるということも充分考えられるではないか？

　この卑劣なやり方は、刑事事件でも、ハレンチ犯がよく使う手口で、吉田石松事件の真犯人が罪もない吉田石松を主犯にまつり上げて、自分の死刑を免れたとおなじ方法である。

　また、八海事件でも、真犯人の吉岡晃が、無実の阿藤周平を主犯に仕立て上げ、阿藤を死刑に、自分は無期にと罪の軽減を計ったこともいまではよく知られている。

　このように、ハレンチなチンピラや、犯罪者の使う手口を、いかに拷問の責め苦に屈したとはいえ今井が用いたとすると、良心あるいは些少なりとも士魂があるなら、恥ずかしくて名のり出られた義理ではない。

　それを臆面もなく、ジャーナリストとわかっている人物（旧友の息子＝結城礼一郎氏）に、実際は坂本は自分が殺ったのだと発表する。

ジャーナリストが書くのはわかり切っていることだ。これをどういう根拠で、売名でないといえるだろうか。

なるほど、結城氏は今井のために弁明している。しかし、これも自分が発表し、世に出した説に固執したための弁明と受けとれないこともない。弁明自体が弱く、根拠は稀薄なのである。

一体、今井のこの供述のどちらを信用したらよいのか？　戸川幸夫氏は手を下さない方だといい、中沢経夫氏は手を下した方だという。しかし、いずれも裏づけになるキメテはない。

相反する二つの供述が、一人の人間の口から出ている。全くやり切れない歴史への証言だといえよう。

矛盾の多い口述書

そこで、先ず刑部省における取調べ中の今井口書から、分析、検討を始めてみよう。

刑部省　口書

箱館降伏人元京都見廻組

今井信郎口上

（略）十月中頃、与組佐々木唯三郎旅宿へ呼寄せ候に付、私並びに見廻組渡辺吉太郎、高橋安次郎、桂隼之助、土肥仲蔵、桜井大三郎罷越し候処、唯三郎申し聞け候には、土州坂本竜馬不当の筋これあり、先年伏見に於いて捕縛の節、短筒を放ち、捕手のうち伏見奉行組同心二人打ち倒し、其機に乗じ逃去り候処当節河原町三条下ル町土州邸向原屋に旅宿罷在り候に付、此度は取逃がさざる様捕縛致すべく、万一手に余り候へば討取り候様御差《ママ》指図これあるに付、一同召連れ出張致すべくし、もつとも竜馬儀旅宿二階に罷在り、同宿の者もこれあり候由に付、渡辺吉太郎、高橋安次郎、桂隼之助は二階へ踏みこみ、私並びに土肥仲蔵、桜井大三郎は台所辺に見張り居り助力致し候者これあり候はば、差図に応じ相防ぐべき旨にて手筈相定め、同日暮れ八つ時頃一同竜馬旅宿へ立越し候節、桂隼之助儀は唯三郎より申付を受け、一足先へ罷越し偽言を以つて在宅有無相探り候処、留守居の趣に付、一同東山辺逍遥し、同夜五時ごろ再び罷越し、松代藩とか認めこれある偽名の手札差し出し、先生に面会相願ひたき段申入れ候処取次ぎのもの二階へ上り候後より引き続き、かねての手筈の通り渡辺吉太郎、高橋安次郎、桂隼之助付入り、佐々木唯三郎は二階上り口に罷在り、私並びに土肥仲蔵、桜井大三郎は其辺に見張り居り候処、奥の間に罷在り候家内の者騒ぎ立ち候に付取鎮め、右二階上り口へ立帰り候処、吉太郎、安次郎、隼之助二階より下り来り、竜馬そのほか両人ばかり合宿の者これあり、手に余り候に付、竜馬は討ち留め、外二人の者切付疵負はせ候へども生死は見留めざる旨申聞け候につき、左候へば致し方これなきにつき引取り候様唯三郎差図に付、立ち出で銘々旅宿へ引取り、其後の始末は一切存ぜず。勿論、竜馬儀旧幕にて如何様の不審これあるものにや、前件の通り新役の儀につきさらに承らず。且つ旧幕にて閣老等重職の命令を御差図と相唱へ候につき、その辺よりの差図か。または見廻組は京都守護職付属につき、松平肥後よりの差図にや、是れまた承知仕らず（略）

暗殺か捕縛か

この今井の供述の中で、先ず疑問を感じるのは京都守護職から見廻組に対し、この頃、

「坂本竜馬を逮捕せよ。手に余らば斬れ」

と、命令が出ていたということである。いくら守護職でも、罪を犯していず、また、叛逆を企てている証拠のない者を公然と逮捕はできないのである。

池田屋騒動の時には、池田屋に集まった志士たちの間に、京都を焼き払って、一挙に革新を断行するという計画があるということをキャッチされていた。

それで、守護職以下各藩、新撰組に至るまで、公然と逮捕に向かい、虐殺することもできたのである。いわば、合法的な処置である。

が、竜馬の場合、売名には絶好のチャンスであるにかかわらず、虐殺者があくまで氏名を秘匿したのは、これが合法的なものでなく非合法の暗殺であったことを裏書きする。

強いていえば、前に、寺田屋で同心を射殺した罪があるではないかと反論する人もあろうが、これは、幕府側も、無理押しの行きすぎがあったと認めたのか、その後不問に附している。

竜馬は、海援隊の隊長として、公然と姿を現わして歩き廻り、例のいろは丸事件などでも、幕府側の大藩紀州藩との交渉にも、堂々とわたりあって鼻を明かしている。長崎の英水夫殺傷事件でも、奉行所相手にわたり合っている。

お尋ね者として、捕えられるものなら、この間に当然、いつでも襲えるわけである。

竜馬が、暗殺当時、危険を感じて身を匿していたのは、同心射殺などという小さな事件のためでなく、薩長同盟と大政奉還という幕府側にとっては、最も憎悪すべき二つの大演出をやってのけたためであると考えるのが、当然だ。その時点でそこまで探知できていなくとも、倒幕派の巨頭としての彼の名は売れていた。

が、百歩を譲って、竜馬を殺す名分を同心射殺において、京都守護職が、見廻組か、または新撰組に命令を下したとする。この場合、本来なら公表してもよいものをあくまで秘匿したのは、当時の竜馬という存在が、政治的に余りに大きすぎて、倒幕派各藩との政治的問題になること、また、守護職以下、新撰組、見廻組に対する憎悪が集中して、どのような事態に発展するかわからないことを恐れたため隠し通したのかも知れない。とすると、なおさらのことこの場合、出された命令は、逮捕ではなく暗殺であったはずである。

事実、刺客は、偽の名刺を使い、取次の結果も待たず、駆け上がって、顔を見るなり斬っている。

「御用だ！　神妙にしろ」

という正々堂々たるものではなく、

「こなくそ」と叫んで斬っている。これは今井供述にあるように捕縛に向かった役人のすることではなく、暗殺である。手に余らば斬るべしというようなものではない。この手口からみても捕縛すべしという命令が出ていたとは考えられない。

また、百歩を譲って、竜馬が寺田屋で短筒を使って同心を射殺した。再びそのようなことをさせまいと考えて、初めから斬る手筈にしたと考えよう。だが、そうなら、寺田屋や池田屋の場合のように、公然と宿の周囲を逃げられないように、多勢の捕手が固めているべきはずである。竜馬暗殺は、あくまで、公儀御用の筋に基づく襲撃ではなく、たとえ見廻組や新撰組に命令が下されていたとしても、あくまで秘密裡の暗殺だったと考えるのが妥当である。

とすると、この供述の中の命令は、疑わしいといわなければならない。

「一同召連れ出張致すべし」

という命令なら、こっそり、まるで暗殺者のように、姿、名を隠して、忍び入って殺し、また逃げて隠れる必要はなかったと思われる。

しかも、鞘を残し下駄もはかずに逃走している。正々堂々たる捕縛行為とは、とても思えないのである。

公儀の命令で捕縛に向った正々堂々たる殺人なら、凶変後あれほど騒ぎになり、刺客は新撰組だ、紀州の三浦休太郎だと噂がひろまり、ついに、土佐浪士や十津川の侍が、仕返しの襲撃をしたような時期に、なぜ、それは見廻組がやったことだ、罪状は、寺田屋における同心射殺、その他かくかくだと名のり出なかったのであろう。

口を拭って知らぬ顔というのは、解せないのである。新撰組や紀州藩は、そのためにやられても一向にかまわないと思ったのでもあろうか？

ただ、後の騒ぎが大きくなりすぎ、政治問題にも発展しそうな勢いなので、名のり出られなくなったというイキサツでも、もしあるなら、今井はそのことを箱館でも弁解していなければならないはずであるし、その後の談話の中にも出てくるはずだが、どちらも、その辺の経緯には少しもふれていない。しかも今井は、竜馬ほどの大物を討ち取る指図がどこから来たものか、まるで知らないという。罪名さえ知らないといっている。

そのような幕府側の襲撃が他にあったであろうか？　新撰組の池田屋襲撃はどうであったろうか？　佐々木唯三郎の清河八郎の暗殺はどうであったろうか？

みな、罪状も、下知した者も、充分承知した上の行動で、それだからこそ襲撃者は存分に働けたのであろう。

罪状を知らないで敵愾心が、充分に湧くはずはなく、感状を予測してこそ甲斐ある働きもできようというものだ。

こちらの生命が失われるかも知れない襲撃で、しかも公儀御用なら、その指図方を刺客たちにこそこそと伏せなければならぬ理由はなかったはずである。

具体的でない供述

供述がきわめて具体的でない証拠として、次のような箇所が指摘される。たとえば
……、
暮れ八つ時、事前に、桂隼之助一人で、偽言で、在宅有無を探り候処、留守中の趣に付とあるが、この時、どういう偽言を用いたか、少しも示されていない。

これは刺客団が慎重に策を練ったものの一つであるはずである。非常に印象が強いはずであるし、当然その時の一部始終は、記憶に残っていていいはずである。

この時、病人の竜馬は他出中で、帰って来て、見知らぬ者が訪ねてきたと聞けば、当然警戒するであろう。この時も、桂が、

「松代藩の者ですが、先生御在宅ですか」

などと怪しい名をいったとすると、それを聞いて危ういとさえ感じたに違いない。

しかも松代藩某と名のったということは、中岡が死のきわにいった十津川の者という証言と異なるのである。これは致命的な矛盾ではないか。しかし、竜馬も中岡も、刺客団が踏みこむまで、まるで警戒一つしていない。刀を六尺後ろにおいたり、中岡も屏風の所に放っておき、小刀も下げ緒をぐるぐるまきにしたままである。

ここまで油断させていたとすると、この偽言は、きわめて重要な役割を果したわけ

になるのだが、それについて一言も語られていない。

大体、刺客団が、このような探り方をするのは策として拙劣この上ないもので、他の暗殺事件には見られない現象だ。

池田屋の時も、変装した見張りをその辺に張り込ませて探らせてはいるが、事前に、相手に悟られるような行動、直接旅館の者へ相手の所在を聞くなどということをしてはいない。

佐々木唯三郎が、清河八郎を殺った時も、金子邸から帰ってくる道筋に待ち受けて、だし抜けに現れ、挨拶すると見せかけて斬っている。

暗殺は、その文字の通り、相手の油断している時にだし抜けに現れて斬るのが定石である。事前に察知されるかも知れない行動をとるとは考えられない。

この場合も、何日も周囲に変装して張り込んでいれば、突きとめられるはずである。

今井信郎供述の現場との食い違い

刺客の一人は、直ちに奥の部屋に入って、家人を取り鎮めたというが、近江屋新助の話とは大分違う。

新助は、階上で大変なことが起ったということを知ってから外にとび出そうとして、一人の男が入口に立って、睨んでいるのを見た。それで、あわてて引き返し、妻子に布団を被せて、自分は裏からとび出したというのだ。

八人も行っているなら、今井がいっているように二階で騒ぎが起って気づかれる前に、家人を抑えて、外に急報されないようにするだろう。裏口も固めて、外に知らされ、邪魔の入らないようにするはずである。だが、新助は抜け出して急報している。

私は、刺客団は四人以下と見る。つまりそれだけの手配ができなかったのだ。その中の二人か三人が、上に登って、竜馬ら三人を斬り、一人が表の入口に立番をしていたのだ。それだけに速急に事を運ばなければならない。あわてて、鞘を残し、下駄を残したのもそのせいかも知れない。確かめもせず「こなくそ」と斬ったのもそのせいかも知れない。

三人で、上に駆け上がり、残った五人が、家族を抑えもせず、裏口も固めないで、ただ入口の近くや土間にぶらぶらしていたなどとは考えられない。これは、刺客団の処置、作法ではあり得ない。まして、殺しに練達し、慎重さに定評のある剣客佐々木唯三郎の率いる一行ではあり得ないと考える。

要するに、刺客が新撰組にしろ、見廻組にしろ、ごく人目につかない少人数で、速戦即決に目的を遂げて引きあげる。

あくまで、警察行為が目的でなく、暗殺が目的だったと考えるべき状況である。

谷干城の反論

次に、明治三十年、京都の雑誌「近畿評論」に書かれた竜馬暗殺の今井の手記と、事実は大きく相違している、と怒って、講演会を催し、パンフレットまで配った谷干《たて》城《き》の反論を紹介して、真相を追ってみよう。

谷干城が反論している要点をまとめると、

㈠　この記事は、松代藩の者と名のって、坂本さんに火急にお目にかかりたいといったというが、それでは、ウッカリ会いはせぬ。十津川の者は始終出入りするから、藤吉もウッカリ取次いだのだ。この時名をかたられたというので、十津川人は怒って、天満屋の斬り込みに出かけて行ったほどだ。

㈡　刺客は四人で、藤吉の案内でついて上がり、四人とも室に入り込もうとしたが、書生が声をかけたため、渡辺と桂は書生と斬り合い、書生は屋根伝いに逃げたと書いてあるが、石川の話では、坂本、中岡を斬った刺客は二人である。僕《しもべ》は一人いたが、書生はいなかった。

㈢　自分の名を名のり、渡辺、桂の二人は死んだといいながら、もう一人の生存者の名をあげないのはおかしい。

(四)　八畳の間に、坂本と中岡が、机を中に挟んで坐していたというが、机はなく、行灯を前において話していた。

(五)　四人とも坂本を知らないので、機転を利かして、「坂本さんしばらく」というと、「どなたです」と答えたので、「これが坂本だな」と思って、矢庭に斬りつけたといっているが、そんな間鈍るいことで人間が斬れるものではない。まして二人とも場数を踏んだ剛の者だ。ことに坂本は剣の達人である。顔と顔を見合して、それから斬られるような鈍い男ではない。嘘も甚だしい。

(六)　斬り方もおかしい。坂本の横ビンを一つ叩いて、左の腕を斬り、また腹を斬ったといっているが、実は額は五太刀くらいやられている。深い傷は眉の上でもう一つは、後ろ袈裟である。腹はやられていない。傷口は全く違う。

(七)　二人の書生は窓から逃げたといっているが、そこには大きな柱があり、泥を塗ってあるから押してもついても動かない。二階へ上がる行きつめの所に明りとりがあるが、これは高くて逃げることはできない。もし逃げるなら、坂本らが斬られている室からだが、そこは乱闘の最中だから不可能である。

(八)　渡辺が鞘を落してきたという。これは後日誰かから聞いてヒントにして作った話であろうが、紀州のこしらえの、高鞘といっているが、実は原田左之助の蝋鞘である。

(九)　近江屋は、油屋でなく醤油屋だ。

(十)　紀州の明光丸と土佐の夕顔という船が衝突したといっているが、夕顔ではなく〝いろは丸〟で、土佐の船ではない。当時有名な事件であったので、聞きかじって後に捏造したのであろう。これは実は、紀州と坂本の争いで、土佐政庁は関係していない。

今井の訂正

今井は、この八年後の明治四十二年十二月十七日大阪新報記者の和田天華子の取材質問に対して、

「竜馬を殺したのは暗殺ではない。命令を受けて、職務上逮捕に向ったのだが、格闘したので殺した。この事件は新撰組には何らの関係はない。

坂本らの罪状は、伏見で同心三名を銃撃して逃走したことであり、その問罪に向ったのだ、場所は蛸薬師角の近江屋と呼ぶ醤油屋の二階である」

と訂正した。これもさっと読むと何でもないが、実は大変矛盾している。職務上逮

捕に向かったのなら、なぜあのようにこっそりと行き、こっそりと逃げ帰ったのか？　また彼の箱館の供述内容から見ても、後日談から見ても、まず問罪して逮捕しようとしたことは書かれていない。いきなり斬って殺している。また、竜馬らが抵抗して格闘したから殺したという状況でもない。また、その後発表もしていない。「近畿評論」の油屋が、醤油屋に訂正されているが、肝腎の矛盾点は少しも訂正されていない。

この反論も、谷干城に叩かれ、批判されたための修正ではないか？　と考えられ、そのために、さらに矛盾を深めることになったのではないかと思われる。

暗殺ではない、公儀御用だといっても、後は逃げ隠れして、知らぬ顔を決め、世に発表しなかったのだから暗殺である。

違いすぎる現場の模様

この記事を書いた結城氏は、今井さんの責任ではない、自分が尾ひれをつけて、大向うから喝采を受けるように面白く書いたという。だが、どこからどこまでが今井の本当の話で、後は、自分の尾ひれだとは明記してはいない。

また、現実に、殺しの現場に立ちあった者が、事細かに様子を語る時、仲間の人数は間違えるわけはないのだし、置いてなかった机を二人の間においてあったと間違えるようなことがあるだろうか。これらの部分は、大向うの喝采を受けるためには、何の比重も持たない部分である。

　部屋の様子などの食い違いも、見逃せない大きな要素である。裁判などでは、この被告はたちまち白になってしまうであろう。偽犯人である。これも大向うをヤンヤといわせるための比重のない部分だ。

　背後の窓から逃げられるかどうかは、刺客なら押し入る前から、充分探索して、張り込ませ、手を打ってある部分で、それも当然間違えるはずはない。ところが、谷干城のいうに、こんなに大きく食い違っている。

　結城氏は、新聞記者であると同時に、歴史家であった。共に、正確度を要する仕事で、その訓練は日ごろできていたはずだ。百パーセントの正確さは期し得ないとしても、少なくとも講釈師や小説家ではないのだ。ことにこれは歴史上の事実としても画期的な新証言で重要なことだ。おそらく歴史家として慎重に、細かく、聴きとったものと思う。後で指摘され、問題になってから、あわててあれは尾ひれをつけて書いたものだといっているが、事実は、尾ひれの部分はあったとしても、骨子になる部分には、脚色はなかったものと思われる。それとも、うんと脚色しなければならないほど、今井の話は、具体性が乏しかったのであろうか？

　今井の供述も正確と考える、結城氏の書いたものも正確と考えるというのでは、事は至極簡単だ。すぐ結論がでてしまう。裁判で実体真実の追及ということがいわれるが、事実をつかむ作業は、そのような無条件の受入れ方の中にないことはいうまでもない。

　ただ今井の所論に信憑性があるというのではなく、なぜ信憑性があるかを論証しなければならない。いままでの史家も作家も、事、竜馬暗殺に関しては、自分の手に入れた資料のみを前面におし出して、他説に対する反論に手を抜き、これが正しく思われるといっているだけに過ぎない。

　凶変直後かけつけた谷干城の反論にすら答えていないのである。

「こなくそ」の前の言葉

　刺客は、「坂本さんはどなたです」などと確かめないで、ただ「こなくそっ」と叫んで斬っている。これは、今井のいうように、確かめる必要があるならできないことだ。

　だから、刺客は、竜馬の顔を知っていたことになる。刺客が人を殺すのに、知らないで殺すなどということは、いくら何でもあり得ない。

この場合、三好徹氏は、坂本、中岡の側で、刺客の顔を知らず、刺客の方では坂本の顔を知っていたのだといっている。

しかし、一日でも生きていて、証言をしたのは中岡で、竜馬は死んでいるのだから、竜馬自身の知っていた人物だったかどうかは、全く闇に附されてしまったわけだ。

見廻組も新撰組も、幕府の特高の機関だ。竜馬の人相書きくらいは手に入れていたであろうし、また、伏見寺田屋で竜馬を襲い、同心が射殺された時、参加して、顔をはっきり見ている者は何人もいる。三好氏のいうように、見廻組に竜馬の顔を知った者はいなかったということは当らない。

また、紀州藩では〝いろは丸〟事件の交渉で何度も竜馬自身に会っているのだから、これも竜馬の顔を知っている者は、何人も存在する。

また、直接面識はなくても、別の目撃者から人相風体、髪の形などはこういう男だと細かく聞いていれば、一目でわかる。

暗殺を狙う刺客団だ、そのくらいの用意は事前に充分してきているはずと考えるのが順当である。

今井は、そういうことに一切ふれず、面識がないから、

「坂本先生しばらくです」

といったら、

「どなたでしたかな」

と、答えたから、これだと思って斬ったという。これはあまりに不用意な刺客団で、あり得ないと思う。また、実際の現状がそうでなかったことは、中岡の供述で証明されている。

機転を利かして、坂本の名を聞いたというのも確かにおかしい。本当に四人とも坂本の顔を知らないなら、踏み込む前からどうして確かめようかという謀議がされていなければならない。

この打合せのことには口述書はふれていない。そして、さも自分の機転が成功したと、手柄顔にいっているのも、ずさんな話だ。

見廻組説の矛盾

見廻組が下手人だとすると、なぜ刺客は、

「こなくそ！」

と、叫んだのであろう。この刺客団の中には四国出身者は一人もおらず、この方言を使う者はいない。

新撰組の原田に罪をなすりつけようとしたのであろうか？　そんなことは、とても考えられない。

見廻組も新撰組も同じ守護職配下の洛中見廻りに任ずる役目だ。ここで、同志討する可能性はない。

竜馬とおなじ土佐藩の者のせいにしようと工夫をこらしたとするのは、うがちすぎた観測で、とるに足りない。この段階で、おなじ土佐藩の者が、坂本、中岡を殺ると考えたのは一人もいなかったのである。

もう一つ瓢亭の下駄がある。これも見廻組が新撰組のせいにしようとした工作だとするのもおかしい。おそらく前夜新撰組が、先斗町の瓢亭から借りていったという事実すら知らなかったであろう。こうなるとますます新撰組の原田左之助が臭くなるのだが、しかしこの「こなくそ」という言葉そのものを一つの証拠と考えるのも危険である。というのは、これは単なるかけ声である。

当時、江戸でも京都でも、各藩の者が出ていて、道場でも互いに剣の腕を磨きあった。

その時に、互いに国言葉のかけ声「こなくそ」「チエスト」（薩摩）などが発せられていつのまにか相手に伝染してしまうということもあり得るからである。

この言葉の混乱は、現在でも広範に見られる現象で、ましてかけ声などは常時聞いていると移りやすい。中には、他国の言葉でも、そのかけ声を気に入ってしまった剣客もいるかも知れない。とすると、とっさの間に出なかったとは限らないのである。

この場合、一応表面は同じ幕府配下であっても、新撰組の原田の罪にして、わなをかけられる立場の者は、伊東一派だけである。見廻組でも新撰組の原田の出身地まで知っていなかったかも知れないが、伊東一派なら知り抜いている。

しかも、幕府側から尊王派へ寝返ろうという時で、立場も謀略的な時であり、新撰組とは利害全く相反している。

近藤一派は仇敵だから、これを陥れよと企むことは可能性としてあり得る。

今井はもう一人生存者がいて、顕官だからいえないと「近畿評論」ではいっているが、ここまで発表しておいて、唯一の事件の証人でもある生存者の名を言わないのは確かにおかしいと考えなければならない。

もうすでに、三十四年も経っていて、犯罪としても完全に時効で、逮捕される心配は全くない。それどころか、旧幕の家臣も、勝海舟、榎本武揚、山岡鉄太郎、大鳥圭介ら新政府に仕えて高官に進んだ者も少なくない。池田屋で志士をたくさん斬った永倉新八などの旧新撰組隊士も、安全に暮らして、むしろ経験談などを発表している頃である。しかも私欲で行ったテロではない。

この時期に、いえないような障碍《しょうがい》は、全くないのである。

具体的な面まで違う

今井談話が、具体的でなかったであろうことは、結城礼一郎氏の代筆の到る所に見られる。たとえば、見廻組が、近江屋に竜馬がいるということをどうしてかぎつけたか？　どのようなきっかけで掴んだかということにも、少しもふれていない。

ただ、ふとしたことから知ったと書いている。この辺に、真実の話と、捏造した話の差が現れるものである。物語作者の筆なら、そのようなことでよいかもしれないが、実際の経験者の話としては、具体性を欠くのである。

また、松代の者と名のった。真田の藩で、坂本とは前から通じていたといっていながら、なぜどのようにして坂本と真田と通じていたかという具体的説明がない。

そして、四人とも、いい加減の名をこしらえていったのだから、今でも覚えていないという。おそらく一生に一度しかないと思われる大物暗殺の時に、苦心して名のった藩名であり、偽名であるのになぜ、その藩名を用いたか？　相手に疑われぬもっともらしい名を考えたかは、おぼえているのがごく当然のことであって、その辺について、全く具体性がない。あやしい話という他はない。

また、四人ともいい加減の名をこしらえて言ったというが、取次にいうのは、一人でたくさんのはずである。四人とも、ずらりと並んでいちいち名を名のったのであろうか？

また、具体的な面もやたらに、間違っている。坂本が一日生きていたといい、残っていた鞘は、紀州仕立の高鞘で、そのために紀州の三浦下手人説が高くなったとか、本当の犯人なら注意深くその後の経緯を追い、情報も耳に入れたであろうに、一般のさして関心のない連中が聞きかじって、後で記憶間違いするような誤りをしている。

竜馬を仕止めに行った者が、翌日、竜馬が生きているか、死んでいるか、その情報を確かめないわけはない。生きていたのを中岡と坂本と間違えるわけもない。結城氏が作ったにしても、その辺本人が明確でなかったか、ウソを話したか、聞きかじりを話したのか、全く臭い話である。

「だが、無二三（結城礼一郎の父の名、元新撰組隊士と自称）の話には、あちこちに思い違いがある」

と三好氏も指摘している。

「今井が上洛したときには、服部はすでに新撰組じゃなくて、御陵衛士に加わっていた。かれは、この前説明したように、十一月十八日に殺されているから、今井と顔を合せていないし、同時代の京都にいたのは一カ月にすぎん。だから、並び称されたというのはどうみても無理だね」(「オール読物」一九六八・五「竜馬暗殺異聞」)

結城氏の説には、どうしても今井刺客説を擁護するための牽強附会が見られるように思う。善意に解釈すれば、三好氏のいうように思い違いということになるが、結城氏は、新撰組隊士時代、今井と親交があったというのだから、単なる思い違いですむことなのであろうか。

結城礼一郎の今井説

その後、結城礼一郎氏は、大正十三年七月二十日に発行した著書『お前達のお祖父様』の中で、次のように訂正して書いている。

「伊東甲子太郎等が斬られたのは、慶応三年十一月十八日の夜で、その三日前の十五日の夜に土佐の坂本竜馬、中岡慎太郎が河原町蛸薬師の油屋という宿屋の二階で斬られた。世間ではこれも新撰組だといっているが、実際は新撰組ではない見廻組のした事だ。新撰組の方では十五日の夜は丁度伊東一類を斬るため重立《おもだち》が密議を開いていて、中々蛸薬師なぞへ出かける余裕はなかった。それに市井の破落漢《ゴロツキ》が途上で乱暴していたのを通りがかりに斬って捨てるというのなら兎に角、仮りにも土佐の坂本ともあろうものを斬るのに重立が関係せぬという事はない。あれは全く見廻組だ、見廻組の今井信郎という男が二三の同志と一緒に踏込んで斬ったのだと祖父様もかねがね仰ゃってだった。

この今井というのは祖父様と別懇の御友達で、三河御譜代の立派な御旗本だ。その年まで江戸にいて剣術師範をしていたが、見廻組の佐々木唯三郎に見出されて十月に初めて京都に上り直ちに頭並に抜擢された。その時坂本は才谷梅太郎と変名して盛んに薩長の間を斡旋していた。志士というより寧ろ策士といった方の質で、慶喜に大政返上を決意させたのも表面は後藤象二郎という事になっているが、その裏には坂本がいた。その坂本が最近また福井へ行って春嶽さんに会って来た。何をして来たか分らぬ、こういう危険な人物は斬ってしまった方が宜かろうと思って、桑名の渡辺吉太郎と京都の与力の桂隼之助とを連れて十五日の夜今井が蛸薬師の油屋へ行った。そして名札へ善い加減の名を書いて坂本さんに御目にかかりたいというと、取次の者がハイといって立った。こいつ居るなと思ったので取次の者について直ぐ二階へ上った。二階には丁度二人の人が居た。どっちが坂本か分らぬから探りのため坂本さん暫くと声をかけた。するとそのうちの一人が誰方でしたなといったので、これが坂本に違いないと思って踏込んで先ず坂本を斬り、それから中岡を斬った。坂本は直ぐ死んでしまったが中岡は翌日まで生きていた。この今井は鳥羽伏見の戦争には一番先へ進み、一番先に鉄砲を打ち、関東へ帰ってからは越後口に転戦して驍名《ぎょうめい》を馳せ、到頭箱館まで落ちて行って維新の戦争の最初の幕から最後の幕まで戦い通した人だ。御維新後は遠州の金谷へ引込んで村長なぞしていた。お父さんが甲斐新聞の主筆をしていた時、わざわざ祖父様を訪ねて来て一晩話して行った事があった。

その時祖父様がお父さんに向って『これがそれ何時か話した坂本竜馬を斬った人だ、参考のためよく聴いておくがいい』とおっしゃったから『いや詰らん事です。お話しする程の事ではありません』とどうしても口を開こうとしなかったのを、無理に御願いして一通り話して頂いた。そのくらい今井さんという人は謙遜の人だった。尤《もっと》も以前はそんなでもなかったそうだが、基督《キリスト》信者になってからガラリと変って、御維新当時の事など誰が何といっても喋った事なく、敬虔なる信者として篤実なる老農として余生を送っていた。

今井さんから伺った話を其《その》まま蔵っておくのは勿体ないと思ったから、少し経って甲斐新聞へ書いた。素より新聞の続き物として書いたのだから事実も多少修飾し、竜馬を斬った瞬間の光景なぞ大いに芝居がかりで大向うをやんやと言わせるつもりで書いた。ところがこれが悪かった。後になって大変な事になってしまった。というのはその時甲斐新聞の編輯長に岩田鶴城という男がいた。京都の人で、その後お父さんが大阪で帝国新聞を起した時にも参加して京都支局で働いてた者だ。この岩田が、甲斐新聞をやめて京都へ帰った時、京都で発行されてる近畿評論という雑誌へ、お父さんの書いた今井信郎の話をそっくりそのまま寄稿した。確か明治三十三年頃の事だったと思う。

そうするとそれを見て、これは怪しからぬ、事実を誤ってるといって怒り出したのが谷干城さんだ。谷さんは坂本が殺された時逸《いち》早く駆つけた人で、その時未だ死に切れずにいる中岡慎太郎から斬られた刹那の有様を一通りきいていたので、それを近畿評論と比較し、ここが違ってる彼処が違ってる、話はどうしても捏造したものとしか思えぬといって公開の席で演説したり、またその演説の筆記を諸方へ配ったりした。島内登志衛編『谷干城遺稿』の中にもちゃんと蒐集してある。谷さんは第一、今井という男が近頃になって私が坂本を殺しましたと名乗って出るのが怪しい、畢竟《ひっきょう》売名の手段に過ぎぬとまで罵っているが、これは谷さんの方が無理だ。今井さんは決して自ら名乗って出たのでも何でもない。滅多に口を開かなかったのを、自分の旧友の息子が強いてとせがんだので止むを得ず話したのだ、無論それが新聞や雑誌へ出されようとは思っていなかったのだ。谷さんも近畿評論の記事の出所をお調べになったら、あんなにまでムキになる必要もなかったろう。

本当に残念な事をした。と同時にまたお父さんは、お父さんの軽々しき筆の綾から今井さんにとんだ迷惑をかけた事を衷心からお詫びする。ことにその後谷さんの議論が世間の注意を惹き起したため、一しきり坂本竜馬の刺客問題がやかましくなり、今では歴史上の一疑問として史学専門家の間に種々と攷究《こうきゅう》され、しかもその多くは谷さんの所論を真実として今井さんを偽者と見るようになってしまった。しかし今井さんが坂本竜馬を斬ったということは実際動かすべからざる事実で、当時新撰組に籍をおき、同時に見廻組とも最も親しく往来していた祖父様がそう仰るのだから少しも疑う余地はない。

『あの晩はおれ達は近藤の処に集っていた。（谷さんが疑をかけてる）原田左之助も一緒にいた。次の日にその評判を聞いて、これは中々腕の利いた奴が出て来たわいと話していたくらいだ。そしてその後それは今井がやったのだときいて今井なら成程無理はないと噂したものだ。（略）あの狭い座敷で咄嗟の間にあれだけの働きをするのは今井でなければ出来ない業だ』と祖父様は極力推賞しておいでだった。今井さんは今井さんで、また、上り立てではあるし、癪には触ってる、一つ己の腕を見てくれくらいの気を起して、勢い込んでやったものと見える。

坂本の斬られたのが幾分刺激になったと見えて、十二月の九日、維新史で有名な——いや日本の歴史で稀に見るクウデターが行われた。大山師の岩倉が急遽参内して、中川宮以下二十七人の参朝を停止し、会桑二藩の禁裡守護を免じた。これからがいよいよ維新の大変だ」

それでもなお疑問が

『お前達のお祖父様』に書かれている、結城氏述の今井信郎の坂本暗殺の動機は、きわめて詳細で、具体的である。薩長の間の斡旋、大政返上の裏の黒幕、最近福井へ行って松平春嶽に会ってきた、こういう危険人物は斬れという工合に、歴史的な事実がすべて洩らさず納められている。

当時、秘密裡に行っていた坂本等の行動が、このようにすべて細かく見廻組隊士の今井らの耳に入っていたろうか？

今井は、明治二年箱館で降伏した時の口供書では、ただ不当の筋ありというわけで、坂本をなぜ殺らなければならないか、少しもわかっていなかった、京に来たばかりで、罪状その他のことも何一つ知らなかったといっている。

それが、三十三年発表した「近畿評論」所載の手記では、いろは丸事件（夕顔丸と誤っている）における竜馬の働きが記され、春嶽を説いて帰って来たところで、海援隊を率いた切れ者で、こういう奴を生かしておいては為にならぬ、幕府のためにならず、朝廷の御為にもならぬ。只事を好んで京都を騒がせる悪漢であるからと、動機が詳細になっている。

そして、結城氏述の前記の著書になると、動機は整然と秩序立って歴史書通りになる。

この時期は、坂本の研究も進んで、竜馬の事跡は、かなり詳細に整理されているから、それを借用して使おうと思えば、使える時でもある。

また、この著の中でも、刺客がこなくそといった事実を無視して、「坂本さん暫く」「どなたでしたな」という記述になっている。

また、実際は刺客は中岡を先に斬ったのにかかわらず、坂本を先に斬ったことになっている。これは前の問いかけの言葉を受けると自然そうなるのである。ただ、「近畿評論」では、坂本が一日生きていたという誤りをしている、史実通りに直っている。

動機論などここで訂正されたことが事実なら、今井の箱館における自供は、なぜ全く動機、罪状などについて説明できなかったのか、わからないことになる。ただ命令されただけで、何も知らないといっているのだ。

また、この著の暗殺現場の模様を事実とすると、死ぬ間ぎわの中岡は、嘘をいったことになるのである。

いくら大向うを唸らせるために修飾して書いたとしても、本人自身が話した具体的な事実や話の骨子、筋道というものがあるはずだ。そこまで造り変えるわけにはいかない。その証拠になるべき重要な部分、部分が違っていたのでは、やはりその話の信憑性は疑わなければならない。

松代藩某という名札、取次いでからまた下りて来てどうぞといわれて上がって行った。その他かけ声、傷口、室の調度、様子、人数等々の話のほとんどが事実と違っているのである。単に修飾して書いたから部分的に違ったというものではない。この話で違っていない部分というのは、近江屋の二階で坂本ら三人を殺したという事実だけに過ぎないのではないか？　それが極言だとしても、他で合っているのは室の六畳、八畳くらいのものである。

今井から聞きだしたと結城氏はいって話しているのだ。

結城氏が、自分の書いたもので今井氏に迷惑をかけたと思ったのなら、その反駁騒ぎの時になぜ、あれは自分が書いた修飾で、今井氏から聞いた真相はここまでだと発表しなかったのであろう。それが売名の徒扱いされて迷惑している今井氏のためではなかったか?

その時点で、谷干城に対して反論しなかった事に、どうしても弱さを感じる。

戸川幸夫氏の見解

戸川幸夫氏は、刑部省における今井の口書が正確であって、後は、「結局、今井は話を面白くするため、自分勝手の脚色を加えていたわけである」（『暗殺』冬樹社刊）と、見ている。

「（略）筆者は、結城無二三の証言を信用しないわけではないが、今井信郎が真犯人だとはどうしても思えない（中略）。彼は刺客団の中にはあったが、直接に手を下していないと信じる。

箱館で今井が降伏したとき、彼は三十歳だった。今日ではその時刑部省で作成した今井信郎刑部省口書きを見ることができるが、そこに書かれたことが一番正確のように思われる。（中略）直接に手を下さなかったということで今井は軽い刑ですんだのだろうが、自分を助けるために自分の殺ったことを戦死した友になすりつけたとも考えられない」（「近江屋事件の謎」43・7『歴史読本』）

戸川氏の見解が正しければ、余りに矛盾と食い違いの多い「近畿評論」などの談話は、今井自身の脚色が原因であるということになる。そして、初めの刑部省供述書に戻れば、彼は直接に手を下さないこの事件の共犯者としての地位を確保できることになる。

しかし、それでもなお「松代藩某の偽名を用いて」という一条はじめ、前述のような数々の疑問が残る。これは、どのように説明できるものだろうか？

あとがき

私のライフワークは、権力犯罪の追及である。これは、他の犯罪が比較するに当らぬほど規模も大きく、内容も悪質である。

権力は、合法の仮面をよそおって、強大な暴力を発動し、弾圧し、捏造し、さらに捕えて拷問し、死刑台に送りこむこともできる。

これも、もちろんテロである。

また、この上なく陰険で、人民の目を巧みにあざむきながら、敵をほうむり去り、邪魔者を消し去る。

古来王宮、あるいは権力争奪のあるところに、毒殺はついて廻った。

中国の高級料理には象牙の箸を用いる。象牙は毒に敏感に反応し、変色するからである。

中国の秘密結社は、暗殺を得意とするが、中でも毒殺を現代に至るまで多用してきた。

帝銀事件そのままの毒殺犯罪は、いたるところで起きたのである。

政敵の要人を集めて宴会を催し、自分がまず飲んで、酒の底を見せて、それから賓客に飲ませる。

要人たちは一せいに苦悶し、倒れる。それを涼しい目で見ていて、為しとげたと見ると、自分は悠々と部屋を出て、逃亡するのである。

自分が、飲んで死なないのは、上澄みをついで飲んでいるからである。

毒物は沈澱する。他の者はその部分を飲んでいるから、みな倒れるのだ。

これは、帝銀事件の際に、警視庁が、捜査指示の決定版に、詳細に指摘しているところだ。

私が、江戸時代編のトップに毒殺事件をおいたのも、権力悪の陰険な性格を象徴的に浮彫りにしたかったからだ。

もちろん、暗殺は毒殺だけではない。また権力悪に抵抗するための暗殺もある。

ここにあげた暗殺の他、江戸時代にまだ多くのなぞの事件がある。

お家騒動だけを追及しても、数冊になるだろう。

薩摩のお由良騒動などは、権力間のみにくい争いの中に記録されているが、これは一方の権力が他方の権力を呪殺しようとしたことに、特異性がある。

これは、古来枚挙にいとまがないほどあるだろう。

また日本で行われたテロではなかったので、はぶいたが、シャムにわたって一国の王となった山田長政の暗殺は、やはり政敵の手による毒殺であった。

しかも、長政が、最高の実権を握り、栄光の頂点にあったときに、宴会で殺されているので、これも象徴的な事件といえる。

しかし、権力犯罪の恐ろしさは、これにとどまらない。

権力悪の最大のものは、他民族に対する侵略であり、戦争である。

封建時代には、抵抗のためのテロは、大きな歴史的意義を果してきた。

しかし、現代においては、果してどうであろうか？

ヒトラーを殺せば、その夜の世界歴史は変ったかもしれないとは、よくいわれた言葉である。

しかし、より凶悪な弾圧を招き、より恐ろしい悲劇がまき起った可能性も十分ある。

この場合のテロは正当防衛の行為といえる。

だから暗殺の存在意義を全く否定し去ることはできない。

しかし、それは現代のような無差別多数の暗殺を認めるものではない。人命はやはり地球より重いのである。私は権力の最大のテロ戦争と同時に、暗殺を憎むものである。

本書は、一九八一年八月、三一書房から発行された『江戸暗殺史』を文庫収録にあたり再編集したものです。

文芸社文庫

江戸暗殺史

二〇一一年八月十五日　初版第一刷発行

著　者　森川哲郎
発行者　瓜谷綱延
発行所　株式会社　文芸社
〒一六〇－〇〇二二
東京都新宿区新宿一－一〇－一
電話　〇三－五三六九－三〇六〇（編集）
〇三－五三六九－二二九九（販売）

印刷所　図書印刷株式会社
装幀者　三村淳

ISBN978-4-286-11008-0